최고의 성과를
올리는
협력의 리더십

최고의 성과를 올리는 협력의 리더십

LEADERSHIP

조직을 성공으로 이끄는 리더의 스킬

김근종 지음

중앙경제평론사

들어가며

　고장난명(孤掌難鳴)은 손바닥도 마주쳐야 소리가 난다는 뜻으로, 누구도 혼자서는 일을 이루기 어렵다는 말이다. 빌 게이츠는 "친구인 스티브 발머(Steve Ballmer)가 있었기에 나는 오로지 기술에만 전념할 수 있었다"라고 했다. 영업의 달인이 있었기에 영업에 관해 친구가 제안하는 것은 모두 받아들여 성공했다는 이야기다. 기업의 최고 책임자라고 하면 이런 이야기에 귀를 기울일 필요가 있다.

　나는 시설관리공단에서 3년 4개월간 재직하면서 나름대로 성공리에 임무를 마칠 수 있었다. 기업의 CEO 자리가 얼마나 힘들고 어려운지 깨달았지만, 혼자서 모든 것을 해결하려 하지 않기에 오히려 일을 잘 처리할 수 있었다. 기업의 수장인 리더가 독선적이거나 고집을 부려 일을 처리하면 조직을 관리하거나 운영하면서 커다란 난관에 봉착할 수 있다. 훌륭한 리더가 되려면 자신이 전부 다스릴 수 있는 전문가는 아니라는 사실을 빨리 깨닫고 자신의 단점을 보충해줄 수 있는 사람을 주변에 두는 것을 잊지 말아야 한다.

최근에는 기업의 규모가 작든 크든 사장이 많다. 그만큼 많은 사람이 CEO로 일한다. 그러나 기업을 운영하는 것이 점점 어려워진다는 소리를 많이 듣는다. 과거에는 노사문제가 큰 걱정거리나 근심거리가 되지 않았다. 그저 물건만 열심히 만들고 시장에 많이 팔면 사장의 위치에서 최고의 성과를 올린 것으로 평가받았다. 그러나 요즘은 노사문제, 기업의 경쟁 심화, 직원 간의 갈등 등 영업 이외의 일이 매일같이 발생한다. 이런 문제를 제대로 해결하지 않고서는 도저히 기업을 운영할 수 없다. 이렇듯 공기업이든 사기업이든 간에, CEO가 해결해야 할 과제가 산적해 있다.

어떤 CEO는 일을 즐기면서 조직 관리도 잘하고 직원과의 소통도 잘한다. 노사문제 역시 능수능란하게 해결한다. 한편, 노사문제, 직원 간의 소통 부재 등 내부 문제로 인해 중도에 하차하는 CEO도 많다. 능력도 뛰어나고 실력도 있는데, 조직 관리를 제대로 못해 타인에 의해 자리에서 내려오는 경우가 허다하다. 내가 이런 상황을 잘 견뎌낼 수 있었던 것은 오래전부터 호텔 분야의 실무자로서 많은 난제들을 겪었기 때문이다. 결국 훌륭한 CEO가 되려면 사람들을 대하는 기술이 뛰어나야 기업이나 조직 관리에서 탁월한 실력을 발휘할 수 있다.

이 책은 CEO로서 반드시 갖추어야 할 덕목, 사람을 다루는 기술,

소통의 기술, 노사관계 등 현장에 바로 접목시킬 수 있는 방안을 담은 책이다. 내가 평소 실천해오던 것을 중심으로 이야기를 풀었다. 때로는 옛 성인의 방식을 대입해보기도 하고 호텔에서 경험한 내용을 삽입하기도 하여, 이 시대에 기업을 운영하는 사람이라면 누구나 한 번쯤 고민할 만한 문제들을 어떻게 해결하면 좋을지 살펴보았다. 아무쪼록 이 책을 읽고 실천하여 성공한 CEO에 다가갈 수 있기를 바란다.

1부

성공하는 리더

1장

성공하는 리더의
비결

홍보에 앞장서라

세계 최고의 자동차 판매왕인 미국인 조 지라드(Joe Girard)는 무려 1만 3,000대의 자동차를 팔았고 지금까지 그 기록이 깨지지 않고 있다니 실로 대단한 사람임에는 틀림없다. 그런데 그는 고등학교 중퇴인 데다 직장도 40번 이상을 옮겨 다녔다고 한다. 그러던 어느 날, 대학의 복도를 지나던 중 열린 문을 통해 엿들은 교수의 말 한마디가 그의 인생을 바꾸어놓았다. "250명만 제대로 관리한다면 판매왕이 될 수 있습니다." 그래서 그는 250명의 법칙을 만들어 직접 250명을 관리했다. 자녀가 대학에 입학한 사람이 있으면 축하 화환을 보내고, 부모님이 돌아가시면 찾아가 위로하고 밤을 지새우며 슬픔을 나누었다. 그 결과, 그는 판매왕이 되었다.

CEO의 가장 중요한 업무는 기업의 매출을 최고치로 올리는 일이다. 그러나 매출을 올리는 것이 쉽지 않다. 방법을 찾고 전략을 모색하지 않으면 안 된다. 나는 그 방법이 홍보에 있다고 판단하여 CEO가 되면서 홍보에 열정을 쏟아 부었다. 시민 이용 시설을 관리할 때, 시민이 수많은 시설들에 대해 모르는 경우가 많았다. 공단에서 운영하는 수영장만 해도 여러 곳이다 보니 수영장의 위치, 각종 수영 관련 프로그램 등의 이용 방법이나 시간에 대한 정보를 얻기가 쉽지 않다.

그래서 새로운 시설, 프로그램, 홍보물 등이 나오면 직접 산하 기관 및 유사 기관 등을 홍보 책자를 들고 다니면서 홍보했다. 시청의 각 부서나 협회, 단체, 기관, 산업체 등 시민들이 많이 모일 만한 장소를 찾아 직접 홍보 직원과 함께 홍보하기도 했다. 시민들은 "시설공단에서 수영장도 운영하나요?"라고 묻기도 하고, 승마장을 운영하는 것을 보고 깜짝 놀라기도 했다.

나는 직원들에게도 "여러분도 시간 날 때마다 공단의 시설을 알리는 데 앞장서주십시오"라고 당부했다. 홍보물을 가지고 각 기관을 방문하다 보면 쑥스러운 일도 있게 마련이다. 이사장이라는 사람이 할 일이 그렇게 없나 생각할 수 있지만, 민간 기업이 아니고 공기업이기 때문에 공공 서비스 제공 차원에서 시민들에게 적극적으로 알릴 필요가 있다.

수많은 시설들을 알리기 위해 시설관리공단에서 고안해낸 기발한 아이디어 하나가 예쁜 손수건에 공단의 27개 시설을 모두 그려 넣어 홍보물로 제공한 것이었다. 손수건 위에 스마트폰을 갖다 대면 어디에 공단에서 운영하는 타슈(공영자전거)가 배치되어 있는지 알 수 있어 시민들이 몹시 좋아했다.

또 홍보한 것이 환경운동이다. 카루소(CARUSSO) 프로젝트에서 힌트를 얻었는데, 이 운동은 아마존 강 유역의 주민들이 수은 중독 감소를 목표로 1994년에 진행한 것이다. 인근 지역의 금을 채취하는 과정에서 수은에 중독된 물고기를 원주민들이 섭취하면서 문제가 되었는데, 원주민들에게 수은 중독의 위험을 알리고 식생활 개선 운동을 펼치는 것이 무엇보다 중요했다. 그러나 원주민들은 문맹이 많고, 매체나 TV 등이 없어서 교육을 시키기가 무척 어려웠다. 그래서 그 지역의 오피니언 리더들이 원주민들과의 소통에 큰 역할을 한다는 것을 발견하고 지역의 원주민들에게 교육받은 내용을 전파시킴으로써 큰 효과를 거두었다고 한다.

나는 공단을 방문하는 많은 사람들에게 환경의 중요성을 인식시키고 물 아껴 쓰기나 환경오염 실태 등을 알릴 수 있는 환경 전문가를 직원 중에서 선발하여 하수처리장을 방문하는 시민들에게 알기 쉽게 설명하도록 했다. 이런 노력이 큰 성과를 거두기를 바란다.

멋쟁이 CEO가 되라

아서 밀러의 소설 《세일즈맨의 죽음》에는 주인공이 매일 구두를 광이 나게 닦는 장면이 나온다. 사소한 일이지만 사람들의 눈길을 끌기 위한 노력이 아닌가 싶다. 조지 워싱턴은 외모에서 카리스마를 풍기기 위해 무척 노력했다고 한다. 손님을 맞이하기 전에는 쓰고 있는 가발을 단정하게 다듬고, 옷과 제복은 물론 신발, 양말, 넥타이까지 누가 보아도 대단하다고 할 정도로 신경을 썼다.

사람들은 옷이나 헤어스타일 등을 보고 상대방을 평가하는 경우가 종종 있다. 물론 사람의 내면을 보고도 평가하지만, 짧은 시간에 사람을 평가할 때는 옷이나 스타일을 보고 판단하기도 한다. 그래서 나는 항상 정장을 입고, 구두를 빛내며, 매일 다른 색의 옷과 구두로 바꿔서 코디한다.

CEO는 업무도 완벽해야겠지만, 외모도 이색적인 신비감을 주어야 한다고 생각한다. CEO가 일만 잘하면 되지, 옷 입는 스타일이나 구두가 왜 중요하냐고 반문할 수도 있다. 그러나 나는 스타와 같은 모양새와 품격을 갖추어야 한다고 생각한다. 한 기업을 이끄는 CEO라면 옷, 화장, 구두, 말씨, 걷는 모습 등에 직원들이 비상한 관심을 보인다. 요즘 직장인들은 겉으로 보이는 모습을 가지고 상대를 평가하는데 매우 익숙해져 있다. 헤어스타일만 가지고도 여러 가지 각도에서 평가할 수 있다. 물론 직원들의 평가가 그리 중요하지 않을 수도 있지만, 이왕이면 좋은 모습으로 보이면 좋지 않은가.

나는 호텔에서 10여 년간 근무했는데, 고객이 입고 다니는 의상과 헤어스타일 등으로 나름대로 평가를 내리곤 했다. 물론 주변 동료 역시 외모로 고객을 평가했다. 그렇다고 옷과 구두에 많은 돈을 투자하라는 말은 아니다. 많은 돈을 들이지 않고도 얼마든지 매력적으로 보일 수 있다. 예를 들어 와이셔츠는 몇 천 원짜리도 있고 수십만 원이 넘는 것도 있다. 나는 저렴한 가격의 셔츠 5~6벌을 색깔별로 구입하는데, 그러면 일주일 동안 매일 갈아입을 수 있다. 사람들은 와이셔츠의 가격은 고려하지 않고 색깔이 멋있다고 평가한다. 구두 역시 마찬가지다. 비싼 구두 1켤레 비용으로 저렴한 구두 3켤레를 구입한다. 헤어스타일도 그렇다. 미장원도 가격이 천차만별이라 한 달에 2~3번 정도 머리를 손질하려면 가격이 싸야 한다. 조금만 돌아보면 싼 가격에 잘 손질해주는 좋은 미용실을 발견할 수 있다.

CEO는 한 기업의 스타이자 주인공이라는 사실을 명심하자. 조금만 신경을 쓰면 직원들에게서 "우리 사장님은 너무 멋지셔, 일도 잘하시고, 옷 입는 센스도 좋단 말이야"라는 말을 듣게 될 것이다. 아름다운 꽃을 바라보면 기분이 좋아지듯, 직원들의 기분도 당신이 좋게 만들어줄 수 있다.

스스로가 하지 않으면
아무도 당신의 운명을 바꿔줄 수 없다.
– 베르톨트 브레히트

멀리 가려면 함께 가라

고장난명(孤掌難鳴)은 손바닥도 마주쳐야 소리가 난다는 뜻으로, 혼자서는 일을 이루지 못한다는 말이다. 마주쳐서 소리를 내려면 무엇보다 네트워크를 구축해야 한다. 즉, 사람들의 인맥을 구축하고 조직의 범주를 확장시켜야 한다는 것이다. 독일의 격언에 따르면 "인생은 만남이며 그 초대는 두 번 반복되지 않는다"고 한다. 아프리카 속담에는 "빨리 가려면 혼자 가고, 멀리 가려면 함께 가라"는 말이 있다. 그렇기에 CEO가 되는 순간부터 사람들과의 만남을 게을리 해서는 안 된다. 네트워크의 기본은 사람들과의 만남이고, 조직을 활성화시키려면 우선 함께 가기 위한 사람들과 관계를 맺어야 하기 때문이다.

이동하는 기러기 수천 마리는 몇 천 킬로미터를 날아가기 위해 V자형태를 취한다. 선두에서 계속 리드하며 날던 기러기는 힘이 빠지면 무리 속으로 들어가 잠시 쉬고, 이어 다음 기러기가 선두에서 날아간다. 이들은 서로의 힘을 북돋아주기 위해 힘차게 울기도 한다.

이렇듯 개인은 힘이 약하지만, 서로 힘을 합하면 힘이 강해지고 결속력도 높아진다. 나는 조직을 다스리고 관리하려면 무엇보다 전체 조직을 하나로 움직일 수 있는 힘이 필요하다고 생각했다. 그래서 공단의 전국 조직화를 계획하고 전국 특광역시 환경공단 노사협의체를 만들었다. 2016년 5월, 부산에서 환경공단 노사협의체를 구성하고 약 400명의 회원이 참석하여 필자가 초대 회장으로 취임했다.

전국 단위의 조직체를 만든 이유는 우선 환경공단군에 속해 있는 각 공단의 목소리를 하나로 통일시켜 정부에 건의할 것이 있으면 정책을 수립하여 건의하고, 환경공단군 내에서 노사쟁의가 발생하면 전국 단위의 노사협의체에서 적극적으로 협력을 도모하기 위해서다. 뿐만 아니라 특광역시의 각 환경공단 시설을 방문하여 서로 견학하고 정보를 교환하기도 했다.

빌 게이츠는 과연 혼자만의 노력으로 성공할 수 있었을까? 그는 기자들이 모인 자리에서 "친구인 스티브 발머(Steve Ballmer)가 있었기에 나는 오로지 기술에만 전념할 수 있었다"라고 했다. 영업의 달인인 대학 시절 친구 발머를 마이크로소프트 사로 영입한 후, 빌 게이츠는 그가 하자는 대로 했다. 고객을 만나고 난 후에는 감사 편지를 쓰는 등 영업 측면에서 발머가 제안한 것은 아무 거리낌 없이 받아들였고, 그 결과 기업은 성공했다.

이순신 장군의《난중일기》에는 통영의 공방에서 만든 고급 부채를 한양의 권문세가 부인들에게 선물했다는 구절이 나온다. 뿐만 아니라 권력을 가지고 있는 대감들에게 자신들의 이름이 새겨진 검을 보내기도 했다. 부채나 검을 보낼 때는 서신으로 현재 왜군의 동향이나 조선군의 방어 태세 등 전장의 현황을 담아 관심을 끌었다고 한다. 이 역시 네트워크를 형성하기 위한 방안이었을 것이다.

　그래서 나는 대전광역시 산하 18개 기관의 협의체의 총무를 맡아 자주 교류하기도 했다. 산하 기관과 정보를 교류하는 것은 물론, 행사가 있으면 서로 방문했다. 자선바자회를 개최하고, 관련 기관 협의체에서 청년실업 해소를 위한 공동취업설명회를 열기도 하며, 지역 내 환경단체와 물사랑협의체에 참여하고, 지역 불우이웃돕기 행사에 참여하는 등 산하 단체의 협의체 구성원으로서 지역에 봉사하기 위해 애썼다. 공기업은 민간 기업과는 달리 대민 봉사에 많은 관심을 기울여야 한다. 시민의 세금으로 운영되는 곳임을 한시라도 잊어서는 안 되는 것이다. 지역의 주민과 함께하는 공기업으로 거듭날 때 고객인 시민이 행복해진다.

부지런한 사람이 되라

CEO 자리에 앉는 순간, 여러 가지 일에 파묻혀 지치고 스트레스로 머리가 아플 것이다. 현재 닥친 어마어마한 업무에서 도피하고 싶은 마음에 게으름을 피울 수도 있다. 그러나 훌륭한 CEO, 성공한 CEO는 스트레스를 받고 일이 넘쳐날수록 부지런히 움직인다.

나는 호텔에서 근무할 때 성공한 CEO들을 많이 만났는데, 대부분 무척이나 부지런했다. 성공한 사람들은 일찍 출근하는 것은 기본이고, 찾아오는 사람은 빠짐없이 만났다. 일은 일대로 열심히 하고, 부지런히 사람들을 대한 것이다. 회장이나 사장이 부지런하면 당연히 직장도 부지런히 움직인다.

그런데 CEO가 부지런해서 직원들이 부지런한 경우도 있지만, 직원들에게 자신처럼 아침 일찍 출근하기를 독려하는 CEO도 있다. 이런 경우에는 얼마 못 가 직원들에게 불만이 쌓여 결국 CEO 스스로 물러나는 것을 여러 번 보았다. CEO가 열심히 일하고 부지런하더라도, 이를 강요하게 되면 직원들의 마음을 움직일 수 없다. 그렇기에 모든 직원들이 부지런하게 일하는 것을 행복하게 느끼도록 분위기를 조성해야 한다.

나는 아침 일찍 출근했지만, 직원들은 정해진 근무 시간에 맞추어 출근하게 했다. 그러나 직원들이 일찍 출근하기를 기대하지 않았다. 내 상황과 직원들의 상황은 전혀 다르기 때문이다. 이를 억지로 내게 맞추게 하면 마찰이 생길 것이고, 직원들의 마음이 떠날 수도 있다. CEO가 일을 제대로 수행하려면 직원들의 마음을 얻어 동참을 이끌어내야 한다. 그래야 일에 착수할 수 있다. 단순히 일 중심으로만 생각해서는 사람의 마음을 움직일 수 없다. 일을 중심에 놓고 일을 처리하기보다는 사람을 중심에 놓고 일을 처리하면 훨씬 더 쉽고 효과적으로 과업을 달성할 수 있다.

그러므로 다음과 같은 사실을 염두에 두어야 한다.

첫째, 당신이 아침에 일찍 출근하고 매일 부지런하게 돌아다니는 것을 직원들이 따라 하기를 기대하지 마라. 기대하는 순간, 실망하거나 고민에 빠질 확률이 매우 높다. 직원들이 당신의 부지런함을 인식하기만 해도 성공한 것이다.

둘째, 직원들에게 자주 말을 걸어라. 직원과의 사이에 긴장이 흐르는 순간, 직원들로부터 좋은 아이디어, 제안, 정책을 기대할 수 없다.

긴장감이 너무 없어도 안 되겠지만, 자상한 부모, 형제, 친구처럼 직원들을 대하는 데 익숙해져야 한다. 지금 이 순간에도 직원들에게 아주 좋은 아이디어가 있는데도 당신과의 거리감으로 그냥 썩히고 있을지 모른다. 이는 부지런히 말을 걸지 않으면 얻어낼 수 없는 것이다.

셋째, 부지런하면 실력이 없어도 인정받는다. 실무는 직원들이 하는 것이다. CEO가 열정적으로 부지런한 것을 직원들이 인정하는 순간, CEO로서 성공한 셈이다. CEO는 각 분야에 대한 해박한 지식을 가지고 실력이 뛰어나야 한다고 생각하기 쉽지만, 실력이 뛰어난 직원은 얼마든지 있다. CEO가 해당 분야의 지식 면에서 직원들에게 뒤처지기 싫어서 배우고 익히는 것에만 온갖 정열을 쏟으면, 직원들로부터 공감을 얻지 못하고 스스로 힘들어진다. 열정적으로 부지런하게 움직이다 보면 각각의 분야에서 해박한 지식과 아이디어로 무장한 직원들이 적극적으로 정보를 공유해준다.

숫자에 민감하라

수치를 가지고 이야기하면 논쟁의 소지가 사라지는 경우가 많다. 그리고 구체적인 수치를 제시하면 설득력이 매우 높아져서 상대방을 쉽게 이해시킬 수 있다.

숫자를 이야기하면 유대인을 떠올리게 된다. 유대인들은 평소에도 숫자의 개념이 명확하다. 한국 사람들은 "오늘 무척 더운데요"라든가 "오늘은 얼음이 얼 정도로 추워요"라고 하지만, 유대인은 "오늘은 화씨 45도예요", "지금 아이 열이 39.8도가 넘었어요"라고 정확하게 수치로 이야기한다.

기업 연간 예산을 마지막 끝자리까지 알고 있을 뿐 아니라 부서마다 예산을 정확히 외우고 있다면 직원들은 당신이 경영의 달인이라고 생각할 것이다. 또 정확한 수치를 가지고 이야기하지 않으면 질책을 받을 수도 있다며 긴장하게 된다. 이렇듯 CEO가 수치에 민감하고 정확하면 직원들도 더욱 수치에 민감해진다.

그래서 나는 매번 정확한 수치를 가지고 회의에 임했다. 예를 들면 "이번에 운동장 우레탄 교체 작업에 6억 127만 5,000원이 소요되는데, 구체적으로 각 부분마다 소요 예산이 어느 정도 배분되어 있습니까?"라고 물어보면 담당 직원은 긴장하면서 답변한다. 이렇게 수치에 익숙해지면 전 직원이 관심을 갖고 일에 임하게 된다. 항상 수치에 민감한 CEO와 대화하는 과정에서 수치와 관련되어 언제, 어떤 질문을 해도 대답할 수 있어야 하기 때문이다. 또한 수치가 정확하면 다른 일에서도 정확성을 기할 수 있다. CEO의 정확한 수치 암기는 여러 면에서 운영에 도움을 줄 뿐만 아니라 직원들도 예산을 심도 있게 작성하게 된다.

어느 대학의 총장님은 전체 복도와 강의실에 달려 있는 전구 수까지 파악하고 있다. 화장실의 전구가 몇 개인지, 엘리베이터 수, 학생 수 등이 얼마인지도 외우고 있다. 게다가 전 교직원의 이름까지 모두 암기하고 있어 실로 수치와 기억력은 최고 수준이다. 학생들의 취업자 수까지 파악하는데, 전국에서 최고의 취업률을 달성하기도 했다. 수치에 밝다 보니 대학 경영에도 영향을 미친 것이 아닌가 싶다.

나도 각 단위 시설에 소요되는 연간 예산 및 월 단위 예산을 모두 암기하고, 공단에서 운영하는 수영장의 일일 입장객 수, 승마장의 수입 등 가능한 한 모든 수치에 민감하게 반응하려 노력했다.

CEO는 경영을 잘해야 한다. 그러나 경영은 수치의 연속선상에 있다. 수치를 대입하지 않고서는 결산이 나오지 않는다. 스스로 계산기가 되어 언제, 어느 장소에서든 책임지고 있는 시설에 대해서는 무엇을 물어봐도 즉시 대답할 수 있을 정도로 관련 지식으로 무장해야 한다. 그러려면 수치의 기억과 암기가 반드시 필요하다.

겁이 많아 머뭇거리는 사람은
모든 것이 불가능하다.
- 월터 스콧

무결점 운동을 계속하라

무결점(ZERO DEFECT) 운동이란, 1962년 미국의 라틴 사가 미사일을 만드는 과정에서 납기 기간이 단축되었는데도 종업원들의 창의적 노력에 의해 단 1건의 결함도 없이 미사일을 완성한 데서 비롯되었다고 한다.

매일 사고가 단 1건도 발생하지 않는다면 그보다 더 좋은 것은 없다. 특히 시설을 관리하는 곳에서 안전사고가 제로라면 그 시설을 관리하는 직원들이 임무를 100% 수행한다는 말이다. 그래서 우리도 무사고를 기록하자는 의미에서 무결점 운동을 펼치고 있다. 먼저 무결점 운동 본부를 기존의 직원을 중심으로 발족시키고, 본부장과 이사진이 참여하여 발생 가능한 사건이나 사고 등 1일 점검 리스트를 작성해서 각 시설을 점검하는 것이다. 금이 간 곳은 없는지, 비가 새지는 않는지 등 아주 사소한 사항까지 리스트를 작성하고, 시설별로 팀을 구성해 건물마다 입구에는 현재 시점까지의 무사고 기록을 부착했다. 안전에 대한 의식을 모든 임직원이 공유하면서 안전의 역사를 새로 작성하고 기록을 세워보자는 의미이기도 하다.

맥도날드 햄버거는 일렬로 세우면 무려 지구를 7바퀴 반이나 돌만큼 많이 팔렸다고 한다. 그런데 처음부터 불티나게 팔린 것은 아니었다. 처음에는 다소 비위생적인 제품이 많아서, 위생을 강화하는 차원에서 햄버거 하나를 팔 때마다 직원들에게 손을 씻게 했다. 그러자 햄버거를 하나씩 판매할 때마다 직원들이 손을 씻는다는 소문이 퍼져나갔고, 위생만큼은 미국에서 최고라는 소문이 난 것이다. 그 결과 고객 수요가 기하급수적으로 늘어나 엄청난 판매 매출을 기록하게 되었고, 현재도 맥도날드 햄버거는 전 세계에서 인기리에 판매되고 있다.

우리도 무결점 운동을 계속하면 곧 대한민국이 안전대국으로 가는 지름길이 되지 않을까. 안전은 매일 점검하듯이 지켜야 한다. 다시는 세월호와 같은 대형 사고가 발생하지 않도록, 매일 단 1건의 사고도 발생하지 않게 하여 안전을 지켜갈 것이다.

남이 가지 않은 길을 가야 성공한다

　서울 소재 대학에 들어가기가 무척이나 어렵다. 게다가 SKY를 졸업하면 성공이 보장되는 것처럼 모든 학부모가 자녀들을 독려한다. 자녀가 그곳에 입학하지 못하면 몹시도 실망하는 학부모도 많다. 그러나 인생은 단 한 번의 입시로 모든 것이 결정나지 않는다. 인생에서 성공한 사람들은 수없는 반복과 실패의 연속선상에서 어려움을 극복하여 성공을 이뤄낸다. 일본 전역의 내란을 종식하고 전국을 통일시킨 도쿠가와 이에야스는 "사람의 일생은 무거운 짐을 지고 가는 것과 같다. 그러니 절대 서두르지 마라"라는 말을 남겼다.

　SKY 대학을 졸업해도 모두 취업과 인생에서 성공하는 것은 아니다. 지방 소재 대학을 졸업했다고 해서 실패하는 것도 아니다. 모든 것은 하기 나름이다. 무엇보다도 냉철하게 상황을 분석한 후 도전할 필요가 있다. 다른 사람이 선택하지 않은 길을 간다면 행운과 성공이 따라올 가능성이 높다. 경쟁에서 살아남기 위해 열심히 하는 것도 중요하지만, 경쟁이 없는 곳에서 경쟁하면 어떨까?

남이 가지 않은 길을 선택해서 성공한 사람도 많다. 상대성이론으로 유명한 아인슈타인이 스위스 취리히의 국립공과대학에 다닐 때 수학의 대가인 민코프스키 교수가 지도교수였는데, 철학, 문학, 과학 등 다양한 학문을 넘나들면서 자유롭게 토론했다. 아인슈타인은 이런 민코프스키에게 몹시 고마워하면서도 한편으로는 진로에 대해 많은 고민을 했다. 그래서 아직도 어떤 분야를 연구해야 할지 고민이 많으니, 어떤 분야로 가야 가능성이 있는지 알려달라고 했다.

그러자 민코프스키는 대학 근처에서 한창 건물을 짓고 있는 공사장으로 아인슈타인을 안내했다. 막 콘크리트를 깔아서 완전히 굳지 않은 바닥을 걷자, 부근에서 일하던 일꾼이 발자국이 남는다며 소리를 질렀다. 아인슈타인이 왜 이런 곳에 와서 기이한 행동을 하는지 의아해하자, 민코프스키는 "남이 한 번도 가지 않은 곳을 가야만 발자국이 선명하게 남는 거야. 많은 사람이 이미 이곳을 지나갔다면 발자국이 남지 않아"라고 말했다.

민코프스키의 말에 깨달음을 얻은 아인슈타인은 물리학에서는 미개척지로 남아 있던 뉴턴의 역학에 도전했고 연구에 매진했다. 결국 남이 가지 않은 분야를 개척함으로써 세계에서 가장 유명한 과학자가 된 것이다. 물론 남이 가지 않은 분야를 개척한다는 것은 그리 쉬운 일은 아니다. 그러나 남이 하지 않은 분야가 블루오션이다.

나도 남이 선택하지 않은 분야를 전공해서 대학교수도 되고 공기업 이사장도 되었다. 그러나 대부분의 사람들은 남이 전공하고 남이 이미 개척한 분야에서 새로운 것을 찾으려고 노력한다. 그보다 노력을 덜하고도 경쟁자 없이 성공할 수 있는데 말이다.

내가 남과 다른 것이 무엇인지, 경쟁자 없이도 이길 수 있는 사업은 무엇인지 잘 살펴보고 남과 다른 길을 택하려 노력해보자. 경쟁이 치열한 곳에서 경쟁에서 이기는 것도 중요하지만, 좀 더 확실한 성공 전략은 경쟁이 없거나 덜한 곳, 나만의 경쟁력이 있는 곳을 찾아서 새롭게 도전하는 것일 수도 있다.

불가능한 일은 없다.
불가능하다(impossible)는 단어가 곧
할 수 있다(I'm possible)고 말하고 있으니까.
– 오드리 헵번

자존심을 내려놓고
단점을 드러내라

"당신의 결점에도 불구하고 나는 당신을 사랑한다"라는 말이 있다. 사실 결점이 있으면 결점이 없는 사람보다는 사랑하기가 어렵게 느껴질 것이다. 그런데도 사랑하는 것을 보면 결국 결점이 사람들과의 관계에서 나쁘게 작용하지만은 않는 것 같다.

한때 프랑스의 대통령인 프랑수아 미테랑(Francois Mitterrand)에게 몰래 숨겨둔 딸이 있다는 사실이 보도되면서 전 세계적으로 큰 화제가 된 일이 있었다. 미테랑 대통령이 숨겨둔 딸과 함께 레스토랑에서 식사를 하고 나오는 장면을 보고 프랑스 국민들은 흥분했다. 물론이 기사에 충격을 받았을 것이라는 생각에, 당시 영부인인 다니엘 미테랑(Danielle Mitterrand)에게 기자들이 몰려들었다. 크게 실망하거나 비통해할 것이라고 생각했던 영부인은 "나는 남편이 숨겨놓은 오랜 연인이 있다는 사실 때문에 내 남편을 더욱 사랑합니다"라고 말했다. 그녀가 "세상에 두 여인을 동시에 진심으로 사랑할 수 있는 남자가 제 남편 말고 어디 또 있습니까?"라고 하자 기자들은 한 마디도 하지 못하고 자리를 떠났다고 한다.

기업의 수장인 CEO는 직원들에게 자신의 결점이 드러나거나 알려지는 것을 몹시도 꺼린다. 자신의 결점이 조직 관리에 악영향을 미친다고 생각하기 때문이다. 그러나 오히려 모든 것이 완벽하다고 생각하고 매일 완벽함을 추구하게 되면, 그런 행동이 스스로를 옥죌 수 있다. 혹시나 단점이 드러날까 두려워 고독하게 지낸다면, 진정으로 조언해줄 직원이나 지인을 얻을 수 없을 것이다. 단점을 인정하지 않고 완벽하다고 생각하는 사람에게 지적했다가는 서로 감정만 상하기 때문이다.

진정으로 조언을 해줄 사람이 있다면 그 사람한테는 반드시 자신의 단점과 결점 등을 이야기할 필요가 있다. 예를 들어 "나는 마음이 약해서 주변 사람들의 청탁을 쉽게 거절하지 못한다"는 결점이 있다면 부끄럽다고 생각하지 말고 이야기한다. 당신의 결점을 확실하게 알고 있어야 당신을 보좌하는 사람이 일을 잘 처리할 수 있기 때문이다. 혼자서는 결정할 수 없는 일이 생겨도, 평소 완벽함을 추구하는 사람으로 알려지면 혼자서 머리를 싸매고 고민해야 할 것이다.

측근이라고 생각하는 직원에게는 자신의 부족한 점을 있는 그대로 솔직하게 알려야 하지만, 대부분의 CEO는 그러지 않고 지금까지 잘한 일이나 장점만을 늘어놓는다. 단점을 보이면 궁지에 몰리게 되리라고 생각하는 사람도 있는데, 그렇지 않다. 나는 주변의 가까운 사람에게는 단점과 실패 경험까지 세세하게 설명한다. 그리고 되도록 빨리 직원들이 내 성격을 파악하게 했다. 그러면 어려운 결정을 내려야 할 때 직원들이 내 성격과 성향, 단점 등을 고려해 조언을 해주었다.

단점이 있다고 해서 결코 나쁜 것만은 아니다. 문제는 단점을 그냥 덮어두는 것이다. 단점을 보완할 필요가 있다는 것을 알면서도 덮어두기만 하면 막상 일이 생겼을 때 평소의 성격대로 결정하곤 한다. 똑똑하고 아는 것이 많은 만물박사, 자신은 항상 장점만 가지고 있다고 외치는 CEO가 얼마 못 가 자리에서 내려오는 이유 중 하나는 지나치게 똑똑하기 때문이다. "나 홀로 우뚝 솟은 나무는 가장 먼저 바람에 쓰러진다"는 사실을 명심하자. 많은 것을 알고 있어도 때로는 숨길 줄도 알아야 한다.

누구도 쉽게 단점을 이야기해주지 않는다. 괜히 말했다가 낭패를 당할 수도 있다고 생각하기 때문이다. 그러므로 평소 자신의 단점을 서슴없이 이야기하는 CEO여야 직원들이 부담 없이 좋은 말을 자주 해줄 수 있다. 단점을 숨기려는 자존심은 내려놓고 당당히 단점을 밝히자.

복이 있는 사람이라고
믿어라

"용장불여지장, 지장불여덕장, 덕장불여복장(勇將不如智將 智將不如
德將 德將不如福將)"은《삼국지》에 나오는 구절로, 용맹한 장수는 지혜
로운 장수만 못하고 지혜로운 장수는 덕을 갖춘 장수만 못하고 덕을
갖춘 장수는 복 있는 장수만 못하다는 뜻이다.

인생을 살아가다 보면 운이 작용하는 경우가 많다. 사고가 나기도
하고, 복권에 당첨되어 하루아침에 부자가 되기도 한다. 기업의 CEO
로서도 운을 무시할 수는 없다. CEO로서 기업을 운영하다 보면 유독
운이 따르지 않는 경우도 있고, 전혀 예상하지도 않았는데 운이 좋아
사고를 모면하기도 한다.

주변에 둘러보면 유독 복이 넘치는 사람이 있다. 그런 사람들은 가

만히 있어도 주변에서 도움을 받거나, 시험에 불합격하고도 나중에는 시험에 합격한 사람보다 더 출세하기도 한다. 그러므로 복을 잘만 활용하면 인생을 살아가는 데 큰 도움을 받을 수 있다.

우선 복을 받으려면 복 받을 준비를 철저히 해야 한다. 우선 자신이 복이 있다고 믿어야 한다는 말이다. 아주 하찮은 일이라도 조금이라도 득이 되는 일이 생기면 복이 있다고 생각하는 것이다. 물론 살다 보면 좋은 일만 있는 것은 아니다. 이런 경우에도 자신은 복이 있는 사람이므로 곧 좋은 소식이 올 것이라고 믿고 기다려야 한다. 대개 사람들은 아주 큰 운이 따라야만 복이 있다고 여긴다. 그러나 큰 이익이 없어도 복이 있다는 자체로 중요하게 생각하고 감사해야 한다.

예를 들어 동창들과 함께 오래간만에 등산을 갔는데, 앞에 올라가던 사람이 발을 헛디며 돌이 굴러 내려왔다. 그런데 바로 옆 사람이 머리에 맞았다고 하자. 아주 간발의 차이로 돌이 나를 비켜간 것이다. 친구가 머리에 돌을 맞은 것은 안타깝지만, 나는 스스로 복이 있는 사람이라 돌에 맞지 않았다고 믿어야 한다. 어려운 일이 닥쳐올 때마다 이렇게 생각하면 마음이 편해지기도 한다. 종교에 의지하는 사람들이 힘든 일이나 위험한 상황에 처하면 신에 의지하듯이, 나는 복이 있다는 것을 믿는다. 매사에 자신이 복이 있다고 믿으면 일이 더 잘 풀리기도 한다.

부정적인 생각은 부정적인 결과를 초래한다. 스스로 복이 없다고 포기하는 순간, 정말로 복이 오지 않을 수도 있다는 사실을 명심하자.

역발상의 힘

성공하는 사람들의 뒷이야기를 들어보면 성공은 아주 단순한 생각으로부터 출발한다. 김밥은 밥과 계란, 시금치 등 다양한 재료를 넣어 김으로 둥글게 말아서 먹는 것이다. 그러니 김밥은 둥근 것이고 그 이외의 모양은 전혀 생각지 않았다. 그러나 요즘은 삼각김밥이 둥근 김밥을 제치고 인기리에 판매된다. 김밥은 둥글지 않을 수도 있다는 누군가의 역발상이 성공한 것이다.

전쟁의 역사에서도 역발상으로 적을 물리친 사례가 많다. 한때 로마군은 누구도 막을 수 없을 만큼 강했는데, 한니발(카르타고의 장군)의 거대한 코끼리 부대를 만나자 어이없이 무너져버렸다. 한니발은 코끼리를 전쟁에 투입시켜 로마군을 힘으로 밀어붙여 초토화시킨 것이다. 그런데 전쟁의 승리에 도취되어 있던 한니발은 로마군의 역발상으로 다시금 참패를 당했다. 로마군은 일렬로 군사들을 세우고 코끼리가 돌진해 오면 양옆으로 피하면서 창을 던져 코끼리가 날뛰게 하여 코끼리를 무력화시켰고, 그 결과 한니발의 군대는 무참하게 패했다.

임진왜란 당시 일본의 수군을 물리친 것도 역발상이 없었다면 불가능했다. 일본의 수군은 상대방의 배에 올라타 칼싸움을 하는 데 능했다. 그래서 이순신 장군은 화포를 이용하여 사정거리 내에 일본의 배가 들어오면 집중 포화를 퍼부어 그들을 물리쳤다.

한편 신립 장군은 충주 탄금대에서 열심히 싸우고도 장렬히 목숨을 잃었다. 신립의 부하들은 평소 전쟁을 준비한 군인들이 아니었다. 갑작스레 일본이 쳐들어오자 여기저기에서 소집하다 보니 군사 훈련도 제대로 받지 못한 농민들이 대부분이었다. 그래서 일본군이 조총을 장전하는 데 시간이 걸리는 동안 말을 탄 기병들이 진격하는 작전을 세웠다. 그러나 일본군은 여러 조로 나누어 한 조가 총을 쏜 후 장전하는 동안 다른 조가 총을 쏘는 식으로 상대했고, 결국 신립 장군은 일본군의 조총에 무참히 무너졌다.

CEO는 늘 새로운 역발상이나 아이디어를 창출해내야 한다. 그러려면 남들과 다르게 문제를 바라보는 시각을 길러야 한다. 일에만 전념하면 오히려 보일 것도 보이지 않는다. 그러므로 어떻게 하면 다른 시각으로 사물을 바라볼 수 있을지, 고정된 틀에서 벗어나려고 노력해야 한다.

성공한 CEO는
좋은 직원을 찾는다

CEO 혼자 뛰어난 능력을 갖추고 있다고 해서 성공하는 것은 아니다. 오히려 좋은 직원을 찾아 적재적소에 배치하는 것이야말로 CEO에게 필요한 능력이다. 그렇다면 좋은 직원은 어떤 특징이 있을까?

‖ 직원들 간 소통이 원활하다

한 부서에서 오랫동안 근무했다고 해서 다른 부서 직원들과 소통을 잘하는 것은 아니다. 오히려 직장에 들어오기 전부터 사교성을 갖춘 사람이 소통 능력도 뛰어난 경우가 많다. 부서 간 회식에서도 적극적으로 타 부서의 직원과 교류하려 하고, 타 부서의 직원, 주변 동료, 상사와 소통해야 한다는 생각이 강하다.

‖ 타인에 대한 배려심이 강하다

조금 손해를 보더라도 시간을 아끼지 않고 상대방을 배려하는 정신이 매우 강하다. 부서에서 프로젝트를 수행할 때 동료 직원의 능력이 다소 뒤떨어지더라도 전혀 개의치 않으며, 항상 남을 배려하여 실적을 올려야 한다는 생각이 지배적이다. 다른 직원이 아프거나 하면 적극적으로 도와 일을 수행하며, 남이 힘들어서 피하는 일을 먼저 나서서 해결하려는 의지가 강하다.

‖ 특기가 하나쯤 있어서 주변 직원에게 관심을 끈다

야유회나 체육대회 등 회사 행사에서 특기를 발휘하여 주변 동료들로부터 관심을 받는다. 당연히 CEO도 그런 직원에게 더 관심을 갖게 된다. 단체 회식에서 멋진 목소리로 가곡을 훌륭하게 불러 주변 직원들에게 큰 감동을 준 직원을 보았다. 그 직원은 퇴직 후에도 기억날 만큼 각인되었다. 악기를 다룬다거나 노래를 잘 부른다면 인상을 남기기에 좋다.

‖ 시작부터 끝까지 명확하게 보고한다

일을 맡기는 순간부터 마지막 성과를 도출해내기까지 전 과정에 걸쳐 보고를 철저하게 한다. 일단 일을 맡기면 중간의 진행 과정과 현재의 성과를 명확하게 보고하여 CEO에게 확실하게 믿음을 준다. 일을 맡긴 상급자에게 진행 과정을 명확하게 보고함으로써 결론에 도달하기까지 CEO의 리스크를 최대한 줄이려 한다.

‖ 다른 직원보다 인맥이 넓다

일을 맡기면 넓은 인맥을 활용한다. 회사에서 부동산을 개발하려는 프로젝트를 수행할 때는 부동산 전문가의 인맥을 활용하고, 그외에도 금융, 법률, 학교, 종교 등 다양한 분야의 인맥이 있어서 일을 쉽게 풀어나간다. 이런 직원은 직장 바깥에서 다양한 취미를 살려 인맥을 넓히는 경우가 많다.

‖ 인사성이 밝다

항상 얼굴에 웃음을 띠며, 아무리 힘들어도 짜증스러운 모습을 찾아볼 수 없다. 인사성도 밝아서 만나는 사람마다 인사를 건넨다. 인사한마디로 사무실의 분위기가 한층 더 밝아진다. 인사 잘하는 것만으로도 상사에게 인정받고, 인사만큼이나 일도 잘한다.

‖ 전문성을 갖추고 있다

기업에 근무하는 직장인이 특별한 분야에서 전문성을 갖추기는 쉽지 않지만, 단순한 일부터 복잡한 일까지 전문성을 갖출 수 있는 분야는 많다. 만약 기획력이 뛰어나서 기획의 천재라고 불릴 정도라면 입지는 탄탄대로일 것이다. 임원은 기획을 잘하는 직원에게 기획을 맡기려 할 것이기 때문이다. 이런 전문성을 갖추기 위해서는 평소 전문성을 높이기 위한 관련 서적을 탐독하며 전문성을 지속적으로 길러야 한다.

‖ 봉사 정신이 매우 강하다

힘든 일에도 마다하지 않고 항상 먼저 나서서 일한다. 그리고 동료 직원이 아프거나 힘들 때 도움을 주려 노력한다. 아무 보상도 받지 않고 누가 관심을 가져주지 않아도 이런 일을 하는 데 주저하지 않는다. 주변 사람을 챙기는 직원은 CEO에게도 인정받는다. 그러므로 직장에서 인정받으려면 봉사하는 자세를 가져야 한다.

‖ 기획력이 뛰어나다

직장에서 성공하려면 기획 능력이 뛰어나야 한다. CEO는 빠른 시간 내에 좋은 기획을 내는 직원에게 호감을 갖게 마련이다. 기획력은 하루아침에 이루어지는 것이 아니므로, 시간 나는 대로 기획력을 쌓는다. 기획력을 높이기 위해서는 관련 전문 서적을 탐독하거나, 다른 기업에서 성공한 기획을 유사한 사업에 적용시켜보면 빠르게 기획 능력을 기를 수 있다. 훌륭한 사업계획서를 기본으로 사업계획서를 만들어보면 기획력이 일취월장할 것이다. 모방에서 창조가 나온다.

‖ 자기관리가 철저하다

이런 직원은 자연스럽게 인정받는 분위기가 조성되어 있다. 일은 열심히 하지만 좋지 않은 술버릇으로 인해 일과는 무관하게 인정받지 못하거나, 주변 동료나 지인과 채무 관계가 복잡하여 이미지에 큰 타격을 입는 직원도 많다. 그러므로 철저한 자기관리가 필요하다. 어떤 문제가 있다고 판단되면 아무리 일을 잘해도 호감을 얻지 못한다.

‖ CEO와 코드를 맞춘다

유유상종이라는 말이 있듯이, CEO가 강조하는 경영철학이 무엇인지 먼저 파악하고 동조하는 직원이라면 직장에서 성공하기 쉽다. CEO는 나름대로 경영철학이나 신념을 갖고 있다. 이를 그대로 따라하지는 않더라도 사업계획을 세울 때, 예산을 편성할 때, 보고서를 작성할 때 항상 CEO가 강조하는 철학을 담는다. 즉, CEO와 코드를 맞추는 것이다. 누구나 관심을 가져주는 만큼 관심을 받게 된다는 사실을 잊지 말자.

‖ 사회를 잘 본다

자신을 알릴 수 있는 가장 좋은 방법은 어떤 모임에서든 다들 맡기를 꺼리는 사회를 맡는 것이다. 사회를 못 보면 낭패를 당할 수도 있지만, 철저히 준비해서 깔끔하게 사회를 잘 보면 CEO로부터 호감을 얻을 수 있다. 공감대 형성, 유머, 봉사, 일 처리 등 모든 면에서 CEO에게 만점을 받을 수 있는 확실한 기회이기도 하다. 대기업에서 근무할 때, 기계체조를 하는 필자의 동료가 축구시합 응원을 위해 멋진 솜씨로 기계체조를 선보이자, 마침 그 광경을 본 회장이 즉석에서 그를 비서로 발탁한 일도 있다.

‖ 역사와 문화에 해박한 지식을 갖고 있다

직장 생활에서 자연스럽게 나오는 것 중 하나가 역사 이야기다. 그냥 역사 이야기보다는 흥미를 발휘할 수 있는 소재를 이야기하면 사람들은 흥미를 가지고 좋아한다. 좀 더 CEO와 친숙해지고 가까워지고 싶다면 역사에 대해 많은 지식을 쌓는 것이 좋다. 일은 물론이고, 덤으로 역사에 대해 해박한 지식이 있는 직원은 CEO에게 호감을 준다.

∥ 상갓집은 꼭 방문한다

평가에는 정성적 평가와 정량적 평가가 있다. 정량적 평가는 일을 잘해서 계량 수치를 높이면 되지만, 정성적 평가야말로 쉬우면서도 어렵다. 그러려면 직장 동료나 상사, 부하 직원의 길흉사에 꼭 방문하여 위로나 기쁨의 뜻을 전해야 한다. 정량적 수치로 모든 것을 해결하려고 하지 말고 때로는 정성적 수치에 관심을 기울이면 CEO로부터 정이 넘치는 직원이라는 평가를 얻을 수 있다.

∥ 용모가 단정하다

용모가 단정한 직원은 눈에 띈다. 멋지게 옷을 입고 화장을 화려하게 하라는 의미가 아니다. 용모가 준수하고 깨끗한 이미지를 풍길 수 있도록 스스로 가꾸어야 한다는 말이다. 일을 맡겼을 때 확실하게 할 수 있다는 의지는 직원의 용모에서도 풍기기 때문이다. 그리고 다른 사람과 차별화되는 점을 스스로 고민해볼 필요가 있다. CEO는 여러 가지로 직원을 판단하지만, 까다로운 CEO라면 옷매무새를 유심히 살펴보기도 한다.

‖ 얼굴을 자주 비춘다

직원들은 가능한 한 CEO로부터 멀리 떨어져 앉으려 한다. 그러나 좋은 직원은 항상 맨 앞에 앉는 것을 두려워하지 않는다. CEO에게 말을 거는 것을 두려워하지 않고, 기회가 왔다면 과감히 말을 건네기도 한다. CEO의 얼굴을 자주 접할 수 있는 것은 아니다. 자주 얼굴을 보여주는 사람이 CEO로부터 호감을 사기 쉽다.

‖ 자신의 업적을 앞세우지 않는다

능력 있는 CEO는 말을 안 해도 누가 일을 잘했는지 못했는지 잘 안다. 그런데 조바심이 나서 자신의 업적을 스스로 자랑하며 보고하는 직원들이 의외로 많다. 이렇게 작은 것을 탐하다 보면 결국 큰 것을 잃어버리게 된다. 오히려 다른 사람의 공으로 돌리는 직원은 CEO에게 많은 호응을 얻어낸다.

‖ 회계에 밝다

기업을 운영하는 것은 수치의 연속이다. 매출, 순이익, 손익분기 등 다방면의 수치에 감각이 뛰어난 직원이 있는가 하면 그렇지 않은 직원이 있다. 회계 부서에 근무하는 직원이라면 회계 지식은 기본이지만, 빈틈없이 일을 처리하는 회계 직원은 그리 흔치 않다. 회계에 대한 지식과 빈틈없는 일처리로 알려진 직원에게 CEO는 호감을 갖는다. 여러 가지 복잡한 수치를 알기 쉽게 설명하는 회계 직원이라면 최고다.

‖ 도와줄 사람이 있다

말단 직원이 열심히 일하고 있다는 사실을 CEO에게 알리기는 어렵다. 물론 과감하게 CEO에게 다가설 수도 있지만, 이 역시 만만치 않은 일이다. 좋은 직원은 자신을 진정으로 도와줄 사람이 있는지 먼저 챙겨서 상사가 자신을 대변해서 CEO에게 전달하게 만든다.

‖ 놀기도 잘한다

일에만 매달리는 직원은 일중독으로 인해 다른 직원들로부터 소외될 수 있다. 부서의 책임자로서는 그 직원 때문에 실적이 올라 좋아하겠지만 말이다. 요즘에는 잘 노는 직원이 일도 잘한다는 인식이 있으므로 노는 데 전혀 관심이 없는 직원은 호감을 얻지 못할 수 있다. 놀 때 잘 놀고 일할 때는 일을 열심히 하는 직원은 인정받는다.

‖ 마무리를 잘한다

처음에는 일을 열심히 하지만 막상 마무리 단계에 가면 지치거나 힘들어 포기하는 경우가 많은데, 마지막까지 열심히 자기 할 일을 하는 직원이 성과도 높다. CEO는 마무리 결과를 가장 기대한다. 마무리를 어떻게 잘 처리하고 보고하는지에 관심을 가지는 것이다.

‖ 사소한 것을 지킨다

사소한 것에 목숨을 건다는 말이 있다. 아주 사소해 보인다고 해서 가볍게 생각해서는 안 된다. 9시 출근인데 습관적으로 조금 늦거나,

컵을 아무 데나 놓아두거나, 사소한 약속을 자주 어기거나, 농담을 조절하지 못하는 등 사소한 행동이 하나둘씩 쌓이면 돌이킬 수 없는 평가로 이어진다. 이런 사소한 것을 잘 지키는 직원은 CEO로부터 호감을 얻는다.

‖ 남이 들어 기분 좋지 않은 말은 삼간다

학력이나 종교, 기타 남이 들어 기분 좋지 않은 말을 삼가는 직원은 좋은 평가를 얻는다. 유독 학력에 대해 민감하게 반응하는 사람이 있다. 술자리에서나 기타 직원들이 모인 장소에서 은근슬쩍 학력에 대해 이야기를 꺼내는 것은 본인이 명문대 출신이라는 것을 내세우기 위한 전략일 수 있다. 이런 사람은 누구에게도 호응을 얻지 못한다.

‖ 간략하게 보고한다

CEO에게 보고할 때 보고의 내용을 핵심적으로 줄여서 주제만 보고하는 직원은 호감을 얻기 쉽다. 보고가 길면 CEO는 일을 요령 있게 하지 못한다고 판단한다. 어떻게 하면 핵심을 간추려 보고할 것인지 연습해서 보고하도록 하자. CEO는 의외로 보고의 내용보다는 보고의 간결성을 더 중요시하기도 한다.

숨은 보석을 찾아라

역사적으로 리더는 숨은 인재를 만나 성공한 경우가 많다. 이성계가 정도전이라는 인물을 만나지 않았다면 조선 건국은 어려웠을지도 모른다. 성공한 왕의 옆에는 반드시 뛰어난 지략가가 있었다. 유비는 조조와의 싸움에서 상대가 되지 않았지만, 삼고초려를 거쳐 제갈공명이라는 보석을 얻었고 조조를 물리쳤다.

기업의 CEO도 숨어 있는 훌륭한 인재를 발굴하지 않으면 결코 성공할 수 없다. 적재적소에 사람을 배치하는 것이 인사의 최우선인데, 그리 쉬운 일이 아니다. 기업을 운영하는 CEO라면 뛰어난 직원을 발굴하고 싶을 것이다. 게다가 직원이 아무리 많아도 제대로 호흡이 맞는 직원을 찾기란 하늘의 별을 따는 것만큼이나 어려운 일이다. 나는 전 부서를 돌아다니면서 직원들과 대화를 나누고 주변 직원 및 간부의 추천도 받으며 임무를 제대로 수행할 직원을 찾았다. 내 생각을 어느 정도 읽고 앞서 일을 진행해갈 직원을 원했기 때문이었다.

보통 직원 중에서 주요 요직에 배치시킬 만한 우수한 사람을 선발하려면 일을 잘한다는 평가를 들어야 하고, 그를 추천하는 사람이 능력이 있는 훌륭한 사람이어야 하며, 추천받은 사람이 능력을 갖추고 있어야 한다. 이런 조건을 염두에 두고 직원을 선발하면 문제가 없다. 그리고 실제로 일을 맡겨보는 것도 좋다. 과업을 주었을 때 달성할 수 있는지, 주변 부서와 협치를 잘해서 단시간에 일을 추진하는지는 금방 알 수 있다. 인사는 일하는 능력을 중심으로 선발하지 않으면 낭패를 겪을 수 있다는 것을 명심해야 한다.

CEO로 부임한 후 직원들을 빨리 파악하려면 직원들과 면담하는 것도 중요하지만, 능력이 있다고 판단되는 직원은 CEO가 원하는 부서로 과감히 배치시켜야 한다. 주변 사람들이 추천하는 직원과는 다른 사람일 수도 있기 때문이다. 직원들은 자신들의 이익이나 편리함 때문에 특정인을 고집할 수도 있다. 또 한 분야에서 오랫동안 근무한 직원이라면 그 분야에 능통하겠지만, 오히려 그렇기 때문에 일이 더 안 돌아갈 수도 있다. 그러므로 자신의 판단을 믿고 밀어붙일 필요도 있다는 말이다.

경영의 신이라고 불리는 마쓰시타전기의 마쓰시타 고노스케는 기자들에게 성공의 비결을 질문 받자, "나는 배운 것이 없어서 성공할 수 있었습니다. 초등학교 4학년 중퇴가 마지막 학력인데 오히려 배우지 못한 것이 성공의 비결이었다고 봅니다"라고 답했다. 배운 것이 없었고 아는 것이 없었기에 늘 많이 배운 직원들에게 물어보고 그 내용을 경청했으며, 좋은 것은 실천했기에 성공할 수 있었다는 것이다.

그러므로 한 가지 분야에 정통하고 많이 배웠다고 해서 성공하는 것은 아니다. 많이 배우고 박식한 직원이라고 해서 중요 부서에 배치시켰다가는 자칫 실패할 수도 있다는 사실을 명심하자.

재미가 없다면 왜 그 일을 하고 있는가?
- 제리 그린필드

직원의 특성을 파악하라

　　직원의 수가 많으면 일일이 무슨 업무를 하는지 파악하고 어떤 성격인지 알기가 어렵다. 그러나 직원들과 대화하거나 결재하는 과정에서 일하는 스타일은 대충 파악할 수 있다.

　　시각적인 측면을 강조하면서 설명하는 직원은 머릿속에 그림을 그려서 설명하는데, 이런 유형은 십중팔구 머리가 좋고 대개는 말이 빠르다. 이런 직원과는 사업을 구상하는 단계에서 업무를 추진하게 하면 쉽게 사업의 그림이 그려지곤 한다.

　　주로 듣는 것이 발달한 직원은 시각적인 사람에 비해 다소 말이 느리고, 말에 힘을 실어 상대방이 무게감을 느끼게 한다.

　　한편 신체 감각적인 직원은 몸으로 부딪치면서 일하는 행동파가 많다. 말의 속도는 아주 느리지만, 주로 행동으로 옮겨 시행하는 업무를 맡기면 일을 잘한다.

업무 스타일에 대해서는 호텔에서 일하면서 터득했다. 호텔을 이용하는 고객의 경우, 시각적인 특징을 가지고 있는 고객에게는 객실 사진을 보여주면 좋아하고, 청각적인 특징을 지닌 고객에게는 시설과 호텔의 장점 등을 상세하게 설명하면 좋아한다. 그리고 신체 감각적인 고객에게는 말로 전달하기보다는 핵심적인 내용만 강조하면 이내 결정을 내린다.

오토바이 전문업체인 할리 데이비슨은 오토바이에 시동을 거는 순간 우렁찬 엔진 소리가 나게 한다. 이는 청각을 강조하여 구매 욕구를 일으키는 것이다. 카지노에서 슬롯머신을 당길 때마다 나는 소리와 레버를 당기는 행동이 도박 욕구를 일으키는 것은 사람들의 청각과 신체 감각적 특징을 교묘히 활용한 상술인 셈이다. 스타벅스 역시 커피를 제조하며 거품을 내는 소리가 사람들을 이끈다.

이렇듯 사람들의 특성을 읽고 적재적소에 사람을 쓰는 것도 CEO의 역량이라고 할 것이다.

2장

소통하는
리더가 되라

이야기를 들어주는
CEO가 되라

소통이란 막힌 것을 튼다는 뜻의 소(疏) 자와 사람 간에 연결을 의미하는 통(通) 자로 이루어진 단어다. 이는 이청득심(以聽得心), 즉 "귀를 기울이면 상대방의 마음을 얻을 수 있다"는 뜻이기도 하다. 중국 노(魯)나라 왕이 바닷새를 비궁 안으로 데려와 각종 산해진미와 온갖 진수성찬, 풍악과 무희를 동원하여 즐겁게 해주려고 했다. 그러나 정작 바닷새는 놀라 사흘 만에 죽었다고 한다. 이를 두고 장자는 아무리 좋은 것이라도 상대방의 입장을 전혀 고려하지 않는다면 의미가 없다며 이청득심을 이야기했다.

대부분의 CEO가 지닌 가장 나쁜 습관 중 하나가 다른 사람의 말을 잘 듣지 않는다는 것이다. 지금의 위치까지 올라온 것은 자신의 탁월한 업적이 있었기에 가능하다고 생각하기 때문이다. 그러다 보니 다소 독선적인 경우가 많다. 이런 CEO는 인간관계에서도 성공했다고 스스로 판단하기 때문에 자기중심적인 사고에 빠져들 수밖에 없다. 그러나 더 높은 위치에 올라가려면 더 많은 사람들의 말에 귀를 기울여야 한다. 가능한 한 말을 줄이고 듣는 것에 익숙해져야 한다는 말이다.

독일 속담에 "타인의 실패보다 더 큰 기쁨은 없다"는 말이 있다. 겉으로는 친구가 잘되거나 돈을 많이 벌고 성공하는 것을 부러워하고 자랑스럽게 생각하지만, 정작 속으로는 시기와 질투를 느낀다. 그래서 프랑스 철학자 프랑수아 드 라 로슈푸코(François de La Rochefoucauld)는 "적을 만들려거든 친구를 이겨라. 그러나 친구를 얻고자 한다면 친구가 이기게 하라"라고 했다.

사람들은 대화할 때 상대방이 성공한 이야기나 무용담을 진지하게 들어주는 것 같지만, 자신이 말할 기회가 주어지면 신이 나서 이야기를 늘어놓는다. 그리고 상대방이 행여 관심을 갖고 들으면 더욱 열을 올린다. 그러나 자신의 성공담은 숨기고 남의 말을 들어주는 것만으로 자신의 가치는 무한대로 올라간다. 상대방은 남의 성공을 그다지 달갑게 여기지 않으므로, 특히 성공한 사람이라면 말을 줄여야 한다. 그리고 성공하지 못한 친구나 주변 사람의 이야기를 진지하게 들어주어라.

스티브 잡스는 직원들의 이야기를 잘 들어주기로 유명했다. 그는 늘 직원들에게서 참신한 아이디어를 얻기 위해 자주 대화를 나눴고,

스스로 CLO(Chief Listening Officer)라고 칭할 정도로 직원들의 말에 귀를 기울였다고 한다.

그런데도 고집이 세고 남의 말을 잘 듣지 않는 CEO가 의외로 많다. 공단에 몸담기 전에 9번의 직장을 겪으며 9명의 CEO를 모셨는데, 남의 말을 잘 듣고 경청을 중요시하는 CEO도 있지만 대부분은 고집이 셌고 남의 말에 귀를 기울이지 않으며 본인의 의사를 가장 중요하게 여겼다. 그런데 그런 CEO의 대부분은 타의에 의해 그만두거나 스스로 못 견뎌 그만두었다. 그런 사람들은 주변 직원들의 말을 경청하지 않아서 문제가 생기곤 했다.

남의 말을 잘 듣고 의사를 결정하는 것과 남의 말을 잘 듣지 않고 의사를 결정하는 것은 차원이 다르다. 본인이 결정한 사항이라도 주변의 이야기를 듣고 결정한다면 한 차원 높은 경지에 오른 CEO가 아닌가 싶다.

상담의 비결을 이야기하면서 찰스 W. 엘리엇(Charles W. Eliot) 박사는 이렇게 말했다. "상대의 이야기에 귀를 기울이는 것은 어떤 아첨보다도 효과가 크다." 즉, 상담은 상대방의 말만 잘 경청해도 이미 성공한 것이나 다름없다는 뜻이다.

CEO가 되면 매일 많은 사람들을 만난다. 그러나 자신이 몸담고 있는 직장에서 직원들의 이야기를 들어주는 것만큼 중요한 일은 없다. 직원의 이야기를 들어주면 믿음을 얻을 수 있다. 나는 가능한 한 직원들의 이야기를 들어주는 습관을 들이려고 많은 노력을 기울였다. 무엇보다 직원들이 이야기하도록 만드는 것이 중요하다. CEO 앞에서 허심탄회하게 이야기하는 직원은 흔치 않기 때문이다. 그러기 위해서는 분위기를 조성해야 한다. 경직된 분위기나 권위적이고 강압적인 냄새를 풍기면 직원들은 절대 그 앞에서 이야기하지 않는다. 오히려 이야기를 들으려고만 할 것이다. 그러니 회의 시간에 "나는 이야기 듣기를 몹시 좋아하는 사람이다. 시간과 장소에 구애받지 않고 언제, 어디서나 이야기를 듣고 싶다"고 전달하라. 한 번 말해서는 그 마음이 전해지지 않을 테니 이런 말을 자주 해야 한다.

> 이제껏 가장 큰 피해를 끼친 말은
> "지금껏 항상 그렇게 해왔어"라는 것이다.
> – 그레이스 호퍼

소통하려면 도구를 사용하라

우리는 살아가면서 많은 사람들을 소개받고 소개하기도 하면서 사회적 관계를 맺는다. 직장 생활 중 가장 힘든 일이 있다면 주변 사람들과 대화하고 소통하는 것이 아닐까 싶다.

오늘날에는 하루가 다르게 사회가 변하고 소통의 도구가 다양해짐에 따라 일시에 수많은 사람들과 SNS로 소통할 수 있다. 기업의 CEO로서 살아남으려면 이런 변화된 사회에 적응할 수 있도록 새로운 기술과 역량을 갖추어야 한다. 예전에는 거느리고 있는 직원들이 모든 일을 다 해주었겠지만, 지금은 필요한 자료를 스스로 찾는 데 익숙해야 할 뿐만 아니라 전자 시스템을 다룰 수 있어야 한다. 이렇듯 나날이 새로워지는 시스템을 받아들이는 데 유연하지 않으면 CEO로서 성공할 수 없다.

　예전에는 기업의 CEO가 직원이나 주변 사람과 소통할 수 있는 방법은 대면 방식, 전화, 서면 등이 고작이었다. 그러나 지금은 이메일, SNS, 메신저 등 다양한 도구가 많다. 그러니 이러한 도구들을 잘 다룰 수 있어야 한다. 기업에서도 그에 부흥하는 소통 시스템을 구축해야 한다. 멀리 떨어져 있는 부서의 책임자를 CEO 집무실로 불러들여 회의할 것이 아니라 원격 회의를 하면 비용과 시간 면에서 효율적이다. 시간이 돈이라는 말이 있듯, 가능하면 회의 시간을 단축하는 시스템을 구축하라. 이러한 시스템 역시 소통의 도구가 된다.

　내가 CEO로 근무하는 시설관리공단에는 800여 명이나 되는 임직원이 있다. 어떻게 하면 임원들과도, 직원들과도 허물없이 소통을 잘할 수 있을까? 늘 고민이 많았다. 그래서 이사장 집무실에 혈당 수치를 체크할 수 있도록 기계를 비치했다. 내가 혈당 수치가 다소 높아서 수시로 혈당을 체크하느라 갖다 놓은 것이기도 한데, 나와 비슷한 연배의 임원들도 점검해보는 것이 좋지 않을까 싶어서였다. 임원들에게 혈당 체크를 권유했더니 다들 흔쾌히 혈당을 쟀다. 집무실에 모여 혈당을 재면서 노사문제나 공단의 발전 방안, 인사 문제 등 이런저런 업무 이야기를 하며 자연스럽게 소통하게 되었다. 이렇듯 자연스레 임원들과 대화를 나눌 수 있는 방안은 주변에서 얼마든지 찾을 수 있다.

연주자가 아닌
지휘자가 되라

KFC의 커널 샌더스는 나이 65세에 창업했다. 무려 10번 이상 직업을 바꾸어가면서 그가 경험한 것을 바탕으로 치킨 소스를 개발했고 이를 알리기 위해 직접 발로 뛰면서 1,008명에게 설명했지만, 누구도 그의 사업 제안에 성공 가능성이 없다고 거절했다. 그러나 그는 포기하지 않았다. 드디어 1,009번째 사업 설명에서 그가 개발한 치킨 소스가 받아들여졌고 지금의 대성공을 이루었다. 그는 성공한 이후 기자들과의 인터뷰에서 "실패와 좌절, 절망의 경험은 인생을 살아가면서 온몸으로 겪는 인생 공부입니다"라고 했다.

일반 기업이든 공기업이든, CEO가 되면 부지런하게 움직여야 한다. 특정 분야의 전공자이고 그 분야에서 특수한 업무를 수행할 수 있는 능력이 탁월하여 CEO로 발탁되는 순간, 상당수의 CEO는 이전에 몰입한 부분에 대해서만 관심을 갖는다. 물론 자신의 전공이나 자신 있는 부분에 관심이 가는 것은 당연하다. 그러나 기업을 운영하는 CEO라면 전체적인 시야에서 더 넓게, 더 멀리, 더 높게 보아야 한다. 한 분야에 정통한 사람들이 CEO가 되면 노사 관계나 임직원들과의 관계가 잘 돌아가지 않는 경우를 종종 보는데, 조직은 어느 한 부분이 잘 돌아간다고 해서 전체가 원활하게 돌아가지는 않기 때문이다.

홀륭한 CEO는 지휘자가 되어야지, 연주자가 되어서는 안 된다. 지휘자는 악기를 다루는 연주자들을 지휘하여 아름다운 교향곡이 나오게 하는 사람이다. 지휘자가 바이올린의 대가라고 해서 바이올린 연주자에게만 맞춰 화음을 조절한다면, 그 오케스트라는 절대 성공할 수 없다. 오케스트라 단원을 일일이 만나 화음을 맞출 수 있도록 지도하고 소통해야 한다. 마찬가지로 기업에서의 CEO도 주변 사람들과 소통을 많이 해야 한다. 그러기 위해서는 부지런히 움직여야 한다.

다이소의 박정부 회장은 제품의 원가를 낮추기 위해 가격이 맞는 기업을 찾아 지구를 160바퀴나 돌았다고 한다. 싸고 품질이 우수한 제품을 판매하기 위해 발로 뛰면서 전 세계를 돌아다닌 것이다. 그러니 기업이 성공하려면 CEO가 얼마나 부지런히 움직여야 하는지 알 수 있다.

홀륭한 CEO가 되려면 입, 손, 발을 얼마나 많이 사용하는가가 성공과 실패의 잣대가 되는 것이다. 평소 잘 알고 지내는 한 CEO는 주머니에 사탕을 수십 개 넣어 다니면서 만나는 사람마다 한 개씩 건넨다고 한다. 그래서인지 그 기업은 노사 관계도 원만하고 임직원들이 행복하다. 그래서 그 비결을 물었더니 "별거 없습니다. 주머니에 사탕 10개만 가지고 다니면서 직원들을 만나세요"라고 했다. CEO가 매일 10명의 직원은 만나야 역할을 제대로 한다는 의미이기도 하지만, 그만큼 발을 많이 움직여야 한다는 뜻이기도 하다.

CEO라고 해서 지시만 내리고 결제만 하고 자리에 앉아 찾아오는 사람만 만나서는 안 된다. 노사 관계가 원만하지 못한 CEO는 대부분 한 가지 일에만 몰두하다가 노사 관계에 문제가 발생하거나 사고가 일어난다. 그러므로 훌륭한 CEO는 한 가지에 능통하고 몰입하는 사람이 아니라 능통한 직원을 발로 뛰면서 발굴하고 그들과 소통하고 부지런하게 돌아다니는 사람이다.

회사 분위기는
CEO에 달려 있다

CEO는 매일 많은 사람들과 만나고 대화를 한다. 그렇기에 친절한 이미지를 심어주는 것이 무엇보다 중요하다. 출근하자마자 직원이 열심히 청소하는 장면을 보면 "아침 일찍부터 고생하십니다"라고 인사를 건네고, 시간이 허락된다면 잠시라도 대화를 나누자. 역시 직원도 친절하려고 노력할 것이다.

마피아 집단의 행동 강령에는 "항상 상대방에게 친절하라, 또 친절하라"라는 규범이 있다고 한다. 마지막 순간까지 친절을 베풀어 비즈니스를 성공시키려 노력하는 것이다. 물론 마지막까지 노력했는데도 친절한 이미지가 영향을 못 미치면 그때는 행동을 개시한다.

기업의 CEO는 습관적으로 직원들에게 친절하다는 인상을 심어주지 않으면 안 된다. 내가 아는 어느 기업의 CEO는 아침에 출근하면 으레 자신의 집무실을 청소하는 담당 직원에게 커피를 타주었다. 이런 친절한 모습으로 인해 직원들로부터 신망을 얻고 신뢰받는 CEO로서 임기를 훌륭하게 끝냈다. 쉽지 않은 일이다.

일본의 한 음식점 주인은 매일 아침 일찍 일어나 음식점 주변의 청소를 담당하는 시청 청소 직원에게 따뜻한 커피를 타준다고 한다. 이 소문을 듣고 주변에 거주하는 많은 주민이 이 음식점을 단골로 이용하고, 시청의 직원들에게도 음식점에 대한 소문이 퍼져 고객이 날로 넘쳐난다고 한다. 또한 이 주인의 친절함이 그 지역의 다른 음식점 주인들에게도 퍼져서 자신이 운영하는 음식점 주변의 청소를 담당하는 직원에게 커피를 서비스하는 운동이 확산되었고, 마을 전체가 친절의 대명사가 되었다고 한다.

이렇듯 아주 사소한 일로도 사람들은 쉽게 마음이 상하기도 하고 기뻐하기도 한다. 그러니 친절한 사람이라는 말을 들을 수 있도록 노력해야 한다. 아래로부터의 친절 확산 운동은 오래가지 못한다. 위에서부터 친절한 마음을 갖고 실천하는 데 온 힘을 기울여야 한다.

기업 전체에 친절 운동이 확산되면 기업을 찾는 고객에게도 좋은 이미지를 심어줄 수 있고, 내부의 직원들 역시 친절한 분위기 속에서 서로 굿 서비스를 실천할 수 있다. 이런 이미지가 소문이 퍼지면 노사 협의 때도 상대방을 친절하게 대하게 되고 큰소리를 치거나 경거망동하지 않을 것이다. 그리고 자연스레 노사 모두 친절 운동에 동참하게 될 것이다. 이런 운동으로 노조와 회사 간의 대화는 한층 부드러워질 것이고, 이는 곧 노사 행복으로 가는 지름길이 된다.

직원들은 CEO가 어떤 사람인지 간파하는 능력이 매우 뛰어나기 때문에, 즉각 파악하여 그에 대응한다. 그러므로 처음부터 친절한 분위기를 형성해야 한다. 모든 것을 혼자 관리하는 사람인지, 시스템에 따라 움직이는 CEO인지 직원들은 금방 알아차린다. 나는 권위적인 분위기를 벗어버리기 위해 많은 노력을 기울였다. 목소리도 부드럽게 하고, 직원이 이사장실을 방문할 때는 반드시 일어서서 답례하고 자리를 권했다. 때로는 직원과 서서 이야기하기도 했다. 긴장감을 해소하기 위해서다.

긴장은 사선을 넘나드는 전쟁터에서나 필요한 것이다. 일상을 보내는 회사에서 CEO가 긴장이 감도는 분위기를 조성하면 직장을 전쟁터로 몰아가는 것과 마찬가지다. 그러므로 직원을 대할 때는 친절하게 대하자.

가까운 사람일수록
친절하게 대하라

요즘 운전기사에 대한 폭행이나 폭언으로 인한 사건이 언론에 자주 실리곤 한다. 운전기사를 함부로 다루고 손찌검까지 하는 몰상식한 CEO가 도처에 있는 모양이다. 실로 안타까운 일이다. 이런 사고가 발생하는 이유는 여러 가지가 있겠지만, 무엇보다도 CEO에게 가장 큰 책임이 있다. 자신이 무엇을 원하는지 분명히 밝혔다고 생각할 뿐, 처음부터 자신의 요구 사항이 틀린 것이라고는 생각하지 않기 때문이다.

불분명하게 목적지를 설명해서 운전기사가 낭패를 보는 경우도 있다. 목적지를 분명히 알지 못하면서 대충 설명하는 바람에 문제가 발생하기도 하는 것이다. 그렇다고 성질 급한 사장에게 거듭 물어보면 난처하거나 신경질적인 반응을 보이기 때문에 운전기사로서는 더 묻지 못한다.

머리를 자르러 가서 미용사가 "어떻게 해드릴까요?"라고 물었을 때 "알아서 예쁘게 해주세요"라고 대답했다고 하자. 미용사는 예쁘게 손질했다고 하는데 손님 마음에 안 들면 싸움이 난다. 처음부터 손님은 미용사에게 길이를 얼마나, 어떤 스타일로 손질해야 하는지 명확하게 설명했어야 한다. 마찬가지로 사장도 처음부터 명확하게 목적지를 설명해야 한다. 이런 사소한 문제로 인해 문제가 생기는 경우가 많다.

화를 내는 것이 강한 리더십인 것처럼 착각하는 CEO도 의외로 많다. 이들은 화를 내면 상대방이 위축되어 아무 말도 하지 못하는 것을 보고 강한 희열을 느낀다. 자신들의 행동으로 인해 상대방의 마음에 상처를 입혔다는 사실은 전혀 생각하지 않는다.

운전기사는 늘 시간이 부족한 당신을 위해 안전하고 빠르게 목적지까지 데려다주는 사람이다. 늘 당신의 한마디를 신경 쓰고 쾌적하게 모시려 애쓰는 사람이기도 하다. 그러므로 가장 친절을 베풀어야 할 사람이다. 그런데도 운전기사를 막 대한다면 당신의 인격에 큰 문제가 있다고 본다. 가장 가까이 있는 사람한테 신뢰를 받지 못하는 사람이 어떻게 기업을 운영할 수 있겠는가?

어떤 CEO는 항상 기사를 챙기는 것으로 유명하다. 주변의 친구들이 운전기사를 그런 식으로 다루면 안 된다며 나무랄 정도로 대우를 잘해준다. 날씨가 춥지 않은지, 옷은 든든히 입고 왔는지 챙기고, 장거리 출장을 갈 때면 피곤해서 지친 기사를 조수석에 태우고 직접 운전대를 잡는 경우도 있다.

　모든 것은 생각하기 나름이다. 어떤 행동을 하든 내가 편하면 되지, 형식이나 틀을 대입하고 남의 눈을 의식하다 보면 아무것도 할 수 없다. 사람은 긴장하면 실수하거나, 긴장하게 만드는 상대방에게 부담을 느낀다. 그러니 매일 당신을 모시고 다니는 기사에게는 부담스러운 대상이 되어서는 안 된다. 훌륭하고 성공한 CEO가 되고 싶다면 사소한 일부터 주변 사람을 만족시켜야 한다. 가장 가까이에 있는 사람이 당신을 신뢰하지 않고 무서운 존재로 느끼면, 회사의 직원들도 그렇게 되기 쉽다. 게다가 운전기사도 한 집안의 남편이자 가장이므로 존중해야 한다는 사실을 잊지 않아야 한다.

> 나와 똑같이 닮은 사람은 없다.
> 심지어 나도 나와 닮기 힘든 때가 있다.
> - 탈룰라 뱅크헤드

장소에 따라
마음가짐이 달라진다

장소에 따라 생각과 마음가짐이 달라지곤 한다. 처음 만나는 장소가 지나치게 허름하거나 우중충하면 상대방은 실망할 수 있다. 그래서 중요한 사람을 만날 때는 우아하거나 조용한 곳을 선택해 비즈니스를 한다. 이는 주변 환경이 협상에 큰 도움이 될 것으로 기대하기 때문이다.

기업에서 이사회를 개최할 때 본부 건물에서 하는 경우가 대부분이다. CEO 주재 임직원 회의도 대부분 본부 소속 건물에서 이루어진다. 그러나 나는 조금 생각이 달랐다. 한번은 이사회를 공단에서 운영하는 월드컵경기장에서 연 적이 있다. 처음에는 직원들이 반대했다. 지금까지 이사회 장소로 월드컵 경기장을 선택한 적이 없었고, 이사회 개최 장소로 격이 맞지 않는다고 생각했기 때문이다. 나는 특정한 장소만 고집해서 이사회를 개최한다는 것 자체가 이해되지 않았다. 그래서 직원들을 설득한 결과, 월드컵경기장에서 이사회를 개최하게 되었다. 다행히 이사회에 참석한 모든 사람들이 좋아했다. 넓은 곳에서 회의를 하는 것도 좋았고, 공단에서 운영하는 시설을 더 잘 이해할 수 있었다는 평이었다. 또 공단에서 운영하는 장애인 시설인 무지개복지센터에서 이사회를 개최한 적도 있었다. 장애인들이 직접 빵을 만들고 과자를 만드는 곳이었는데, 이사회에 참석한 사람들은 모두 현장을 보니 장애인들의 고충을 충분히 이해할 수 있었다고 말했다.

노사 협의를 하는 과정에서도 이런 식으로 노사 회의를 한 적이 여러 번 있었다. 상황에 따라서는 노사가 격하게 대립하는 경우도 있다. 그래서 아무도 없는 한적한 곳에서 노사가 서로 소리를 높여 자신의 주장을 내세웠다. 그래도 잘 타협이 되지 않으면 또 다른 장소를 물색하여 노사 협의를 했다. 이런 과정에서 극적으로 타결되기도 했다.

아주 극한 대립을 보이는 사안에 대해 노조위원장과 단둘이서 한적한 호숫가에서 소리를 지르면서 다툰 적도 있었다. 그러다가 호수 위를 한가롭게 노니는 오리를 보는 순간, 마음이 차분해져서 감정을 자제하고 서로 양보하게 되었다.

남녀가 처음 선을 보는 장소를 신경 쓰고, 비즈니스 하는 사람들이 식사 회동 장소를 고민하는 이유가 여기에 있다. 장소에 따라 사람의 감정과 행동이 달라지기 마련이다. 그러니 환경을 바꾸어보라. 장소가 명당이면 일이 잘 풀릴 것이다.

좋은 환경이
아이디어를 만들어낸다

〈나는 자연인이다〉라는 프로그램이 있다. 나도 시간이 날 때면 이 프로그램을 즐겁게 본다. 많은 사람들이 이 프로그램을 보며 '나도 저렇게 살고 싶은데'라고 생각한다. 그러나 현실적으로는 자연에서의 삶이 얼마나 어려운지 잘 안다. 누구도 쉽게 실천하지 못하기 때문에 그런 삶을 바라는 것이다.

사람들은 자연인이 되고 싶다기보다는 자연이라는 환경을 좋아한다. 물소리, 새소리, 산나물, 닭, 개와 자연스럽게 호흡하는 환경이 그리운 것이다.

우리 공단에는 아주 작은 동물원이 있다. 동물원이라고 표현하기도 그렇지만, 토끼 10마리, 닭 10마리, 병아리 10마리, 칠면조 1마리,

공작 1마리가 살고 있다. 바로 옆에 있는 작은 연못에는 수십 마리의 잉어가 살고 있다. 도심에서만 거주하던 직원들은 실제 동물들과 접촉할 기회가 없어서 그런지 신기해하면서도 흥미로워한다. 공단의 작은 동물원은 오랫동안 운영해왔기 때문에 직원들 모두 애착을 가지고 시간이 날 때마다 돌보며 즐거워한다. 공단을 퇴직한 직원들도 가끔씩 공단을 찾아오면 작은 동물원을 먼저 찾는다.

공단은 외곽 지대에 위치해 있으면서 자연환경이 좋아 작은 동물원을 운영하기에는 안성맞춤이다. 직원들에게 자연을 느끼게 하기에는 아주 좋은 환경이다. 외곽 지역에 위치해 있지 않더라도 도심지 건물의 옥상에도 자연친화적인 시설을 설치할 수 있을 것이다.

미국의 구글을 방문한 적이 있는데, 직원들이 자연스럽게 파라솔 아래 앉아 커피를 마시면서 근무하고 있었다. 어떤 직원은 건물을 이동하는 데 스쿠터를 타기도 하고, 한편에는 어린이 놀이터도 있었다. 기업 내에 다양한 공간을 배치한 것을 보고 이렇게 해둔 이유를 물어보았더니, 구글 직원이 답하기를 "새로운 아이디어를 창출하기 위해서는 직원들이 편하게 느끼는 공간이 필요합니다. 뇌를 쉬게 해야 좋은 아이디어가 나오기 때문에, 상상력을 발휘하기 위한 직원 놀이터라고 이해하면 됩니다"라고 했다. 역시 구글이 세계 최고 기업인 이유를 알 것 같았다.

공단은 공기업이고 구글과 같은 세계적인 기업도 아니지만, 작은 동물원이 직원들에게 좋은 아이디어를 내게끔 해주는 공간이 되었으면 한다. 자연환경을 인공적으로 만들어도 좋다. 사람들은 원초적인 본능에 따라 자연으로 돌아가고 싶어 하기 때문이다. 주변 환경을 어떻게 꾸며 직원들이 좋은 아이디어를 떠올리게 할 것인지는 CEO가 고민해야 할 과제다.

사람들은 맹인으로 태어나는 것보다
더 불행한 것이 무엇인지 묻는다.
나는 '시력은 있되 비전이 없는 것'이라고 말한다.
– 헬렌 켈러

우리의 문제는
현장에 답이 있다

내가 CEO로서 강조한 것 중 하나가 우문현답이다. 사자성어가 아니라 "우리의 문제는 현장에 답이 있다"라는 말을 줄인 것이다. 필자는 현장에서 답을 찾기 위해 많은 노력을 기울였다. 대전시설관리공단은 대전광역시의 거의 모든 시설을 관리하고 운영한다. 월드컵경기장. 대전하수처리장, 공원 시설, 복지 시설, 역전 지하상가 등 큰 것만 27개나 된다. 월드컵경기장은 좌석수가 무려 4만 3,000개나 되고, 하수처리장은 하루 90만 톤의 하수를 처리할 수 있는 시설을 보유하고 있으며, 지하상가는 무려 270개나 된다. 이렇게 시설이 많기 때문에 조금만 방심하면 크고 작은 사고가 날 확률이 높다.

그래서 시간 날 때마다 직원들에게 우문현답을 강조하고, 모든 직원들이 관심을 갖기를 바랐다. "여러분, 저는 항상 현장을 방문하며 하루 일과를 시작하겠습니다"라고 말하곤 했고, 직원들이 "오늘도 현장에 나오셨군"이라는 말이 저절로 나올 만큼 현장을 자주 방문했다. 물론 직원들은 조금 불편하게 느낄 수도 있다. 이사장이 방문하니 뭔가 대우를 해야 하지 않을까 부담을 느끼기 때문일 것이다. 정작 나는 그런 것을 기대하지 않지만 말이다.

CEO가 어쩌다 한 번 현장을 방문하면 당연히 직원들은 긴장한다. 그러나 자주 현장을 방문하면 직원들도 친근하게 여기고 친절하게 대해준다. 일단 친해지고 말하기 편해지면 허심탄회하게 마주하게 된다. 직원들과 현안에 대해 이야기하고 고충을 나누게 되면, 문제 상황을 비롯해 향후 발전 방안도 모색할 수 있다. 이사장으로서 힘든 점을 직원들에게 이야기할 수 있고, 직원들 역시 거리낌 없이 자신이 맡은 업무에서 어려운 점이나 개선할 점 등을 이야기하곤 한다.

나는 직원들에게 명령조의 언어는 사용하지 않으려 했다. 가능한 한 편한 말투로 직원들과 대화하려 노력했다. 이렇게 대화하려 계속 노력한 결과, 이제는 집안일까지도 이야기할 정도로 친해졌다. 물론 이 과정에서 문제가 없었던 것은 아니다. "이사장님이 너무 가벼워", "너무 자주 현장에 나오는 거 아니야?"라며 주변의 눈초리가 따가웠던 것이다. 그러나 이런 소리를 들을 때마다 수십 년간 근무할 것도 아니고, 임기 동안만큼은 내 소임을 다해 최선을 다하고 하고 싶은 일을 해야 하지 않을까 생각했다.

내가 군대에 있을 시절, 탱크를 모는 부대에 있었다. 한번은 훈련을

나갔는데, 작전을 수행하던 중 전차가 고장이 나서 정비를 서두르고 있었다. 때마침 여단장이 지나가는 바람에, 소대장을 비롯한 소대원 전체가 전차 정비를 멈추고 있는 힘껏 관등성명을 외쳤다. 그런데 근처 미군 전차부대에서도 똑같은 일이 발생했다. 그러나 여단장이 지나가도 누구도 정비를 멈추지 않고 하던 일을 계속했다. 물론 문화의 차이도 있지만, 이 광경을 보고 느낀 점이 많았다. 그래서 나는 현장을 방문해도 직원들이 개의치 않고 계속 일을 하도록 한다.

한편, 현장에서 일하는 직원들을 감시하기 위해 현장을 방문하면 외면당할 수 있다는 사실을 잊지 말자.

> 명성을 쌓는 데는 20년이 걸리지만,
> 이를 무너뜨리는 데는 5분도 걸리지 않는다.
> – 워런 버핏

3장

행복을 전달하는
리더가 되라

행복은 저절로 오지 않는다

조지 베일런트의 《행복의 조건》은 실제 인물들을 연구·조사한 보고서로, 행복의 조건에는 여러 가지가 있지만 그중에서도 인간관계가 중요하다고 밝혔다. 인간이 행복하기 위해서는 인간관계가 필수적이며, 풍부한 지식이나 계급이 중요하지 않다는 말이다. 자신만의 세계에서 벗어나 다른 사람에게 관심을 가지며 느끼는 친밀감은 인간관계에서 빼놓을 수 없는 요소다.

행복해 보이고 주변 사람들을 즐겁게 해주는 사람 옆에는 항상 사람들이 몰려든다. 이들이 행복 바이러스를 옮기기 때문이다. 행복 바이러스란 주변 사람들에게 기쁨과 희망을 주는 행동과 마음가짐이라고 할 수 있다. 요즘 유행하는 '소확행'이라는 말은 일상생활에서 느낄 수 있는 소소하지만 확실하게 실현 가능한 행복을 일컫는다. 사소해서 지나치기 쉬운 것에 의해 행복을 느끼는 것이다. 행복에는 크고 작은 것이 없으므로, 매일 작은 것에도 행복해하는 습관을 들이면 행복해진다. 그러려면 주변 사람들을 칭찬하는 데 익숙해져야 한다.

작가 홀 케인(Hall Caine)은 처음부터 유명했던 것은 아니다. 부모님은 대장장이였고, 그는 대학을 나오지 않았다. 그런데 영국의 화가이자 시인인 단테 가브리엘 로제티(Dante Gabriel Rossetti)의 작품을 읽고 신문지상에 감상문을 기고했고, 그 내용을 복사하여 로제티에게 보냈다. 로제티는 이를 보고 감탄하여, 대장장이 아들에 불과한 홀 케인을 영국으로 초대해 비서로 삼았다. 그 후 홀 케인은 여러 유명 작가들을 만나며 유명한 작가가 되었다. 책을 읽고 느낀 것을 적어 기고한 사소한 일로 인생이 바뀐 것이다.

이렇듯 행복은 저절로 오는 것이 아니라 자신이 만드는 것이다. 그러려면 스스로 행복 바이러스를 만들고 이를 타인에게 옮겨야 한다. 주변 사람에게 계속 행복 바이러스를 제공하면 홀 케인처럼 인생이 바뀔 수도 있다. 다음의 사항을 점검하고 스스로 행복 바이러스를 전파하는 사람인지 확인해보자.

1. 매일 행복에 대해 생각하는가?
2. 아주 사소한 일이 이루어져도 크게 행복한가? (예: 책 구입, 레스토랑 식사, 친구와의 만남 등)
3. 임직원들과 대화를 나눌 때 듣는 편인가? 얼마나 듣는가?

4. 주변 사람들에게 매일 행복바이러스를 전파하는가? (예: 웃는 얼굴, 칭찬하기, 감사 표현 등)

5. 행복은 측정할 수 있다고 생각하는가?

6. 오늘 하루 행복한 시간이 있었는가?

7. 행복은 마음먹기에 달려 있다고 생각하는가?

8. 자주 화를 내는 성격인가?

9. 스스로 행복하다고 자주 생각하는가?

10. 평소 남들보다 스트레스를 많이 받는가?

기부 문화를 일상화하라

나는 시설관리공단의 CEO로 부임한 첫날, 외부의 화환을 일절 받지 않았다. 굳이 화환을 하겠다고 고집을 피우는 사람에게는 쌀로 대신하게 했다. 화환 대신 실용적이어서 기부할 수 있는 물건이 낫지 않을까 생각해서다. 특히 공기업의 CEO라면 기부 문화를 확산시키는 운동을 펼칠 필요가 있다. 민간 기업의 CEO도 마찬가지다.

기부에 인색한 사회는 비전과 희망이 없다. 선진국으로 갈수록 기부 문화가 확산되어 있는 것만 봐도 알 수 있다. 미국은 기부가 일상화되어 있고, 돈을 많이 번 CEO는 대부분 자신이 살고 있는 지역이나 국가 덕분에 돈을 벌었다고 생각하고 다시 돌려준다는 마음으로 기부한다. 기부금의 액수도 상상을 초월할 정도다.

공기업이든 사기업이든, 기부는 노사가 함께 하는 것이 좋다. 나는 노조위원장과 의견이 일치하지 않아 언성이 다소 높아지면 으레 기부에 대해 이야기를 꺼냈다. 노사가 합동으로 어려운 이웃에게 기부하자고 제안하면 노조도 좋아하기 때문이다. 노조와 공동으로 기부할 기금은 평소 직원들이 스스로 봉급에서 일정 금액을 적립한 것이다. 기부를 통해 노사 간에 의견 일치를 보는 효과도 있고, 노사가 공동으로 행동하는 것이기 때문에 대화를 나누기에도 좋았다.

기업의 이미지를 높이는 데도 기부가 가장 좋은 방법이다. 선진국의 기업 CEO들이 기부를 많이 하는 것 역시 기업 이미지 제고를 위해서이기도 하다. 당신의 기업에서 어떻게 기부하고 있는지 살펴보기 바란다. 연중 계획표를 만들어서 실천해보는 것도 좋다. 게다가 기부를 하면 마음이 편안해지고 너그러워진다. 돈만 벌고 주변의 어려운 이웃에게 인색한 기업의 CEO는 얼마 못 가서 문을 닫을 확률이 매우 높다.

직원들의 행복을
심사숙고하라

잘 노는 직원이 일도 잘한다. 그리고 직원들은 관심 있는 일과 관계있는 단체 활동을 하고 싶어 한다. 그러니 CEO가 조직의 단합을 위해 분기별, 월별로 등산을 가고 체육대회를 개최한다고 해서 구성원들이 행복하고 즐거워하는 것은 아니다. 웃음꽃이 만발하고 행복한 직장이 되려면 조직 구성원의 동호회 활동을 적극 장려하고 지원을 아끼지 말아야 한다.

민간 기업의 CEO 한 분이 "태국 여행을 직원들과 가기로 했는데, 주말을 끼고 가니까 수당과 연관 지어 불만을 제기해서 너무 난감했습니다. 무료인 데다 직원들을 위한 것인데도 말입니다"라고 푸념한 적이 있었다. 즉흥적이거나 CEO 혼자만의 생각으로 체육대회나 야유회, 해외여행을 간다고 해서 직원들이 행복해하는 것은 아니다. 요즘 신입사원들은 취향이 뚜렷해서 단체로 어울리는 것을 시간 낭비라고 여기기도 한다. 그러므로 훌륭한 CEO는 직원들이 무엇을, 어떻게 해야 즐거워하고 행복해지는지 간파할 수 있어야 하며, 늘 직원들의 행복을 심사숙고해야 한다.

호텔, 대학, 공기업 등에서 오랫동안 근무하면서 경험한 바에 의하면, 직원들은 각자 좋아하는 취미가 다르다. 시설부에 근무하는 한 직원은 등산을 좋아하고, 총무과에 근무하는 다른 직원은 낚시를 좋아한다. 서로 다른 취미를 갖고 있는데, 이들을 하나로 묶어서 어디론가 간다고 하면 좋아할까? 따라서 이런 특성을 감안하여 다양한 동호회를 만들어 단체마다 자체적으로 팀장이나 리더를 두고 날짜를 정해 지원하는 것이 좋다. 그 외에 종합적으로 연간 1~2회 정도로 체육대회나 노사 합동 등반대회 등을 개최하여 조직 구성원들이 행복한 직장 생활을 영위하도록 신경 써야 한다.

동호회 활동은 전적으로 노조의 협조 아래 노사 공동으로 구성하여 활력을 불어넣어야 한다. 행복한 직장 생활, 웃음이 넘치는 노사 관계 등 사소한 것부터 시작해서 구성원 모두가 행복해지는 비결을 찾으려 노력하는 CEO가 되어야 한다.

대접을 받으려면
먼저 베풀어라

대개 서비스를 받는 것은 윗사람이고 제공하는 것은 아랫사람이며, 인사는 아랫사람이 윗사람에게 하는 것이라는 불필요한 공식에 사로잡혀 있다. 그러다 보니 윗사람은 권위적이어야 아랫사람을 잘 다스리는 것처럼 착각하는 경우가 있다. 그러나 나는 시설관리공단의 이사장으로 첫 출근한 날 간부회의에서 "굿 서비스를 아랫사람에게 먼저 하십시오. 그러면 아랫사람은 윗사람에게 왠지 미안한 마음을 갖게 될 것입니다"라고 말했다.

중국의 전 주석인 후진타오는 차를 파는 상인의 아들로 태어났는데, 어렸을 적부터 인간관계를 무척 중시했다고 한다. 그는 중국의 명문 대학 칭화대학을 졸업했고 지식이 많기로 소문이 나 있었지만, 사람들과 대화할 때는 항상 겸손하고 자랑하는 법이 없었다고 한다. 노동자들과 대화할 때도 그들의 눈높이에 맞추어서 이야기했고, 사람들을 만날 때는 항상 겸손하고 친절하게 대했다. 사람을 대하는 기본적인 자세가 겸손과 친절이었던 것이다. 그렇기에 어려운 상황을 겪고도 주석의 자리에까지 오를 수 있었다.

심금을 울려야 상대방이 움직인다. 그러니 강압적이고 권위적이어서는 아랫사람의 마음을 사로잡을 수가 없다. 나는 항상 상대방이 왠지 미안한 마음을 가지게 하려 노력했다. 그러기 위해 아랫사람에게 먼저 행동으로 보여주려 했다. 점심 식사 후 부하 직원에게 커피를 대접하면 부하 직원은 미안하게 생각한다. 그리고 어떻게 하면 미안함을 만회할 수 있을까 고민하게 된다.

CEO가 사용하는 언어는 매우 중요하다. 한 CEO는 술만 마시면 욕을 많이 했다. 평상시에는 조용한 성격으로 매우 차분했지만, 일단 술이 들어가면 거친 표현이 나왔다. 한번은 술자리에서 욕하는 것을 듣고 직원이 충격을 받아 입원했을 정도였다. 급기야 그는 자리를 내놓았다. 그러므로 말을 할 때에는 말하는 사람이 아니라 말을 듣는 상대방이 중요하다. 내가 사용하는 말에 어떤 말이 자주 나오는지 검토해보라. 그리고 친한 사람에게 자신의 표현이 어떤지 진지하게 물어보라. 실수를 할 수 있고, CEO로서 품위가 떨어지는 표현을 하는 경우도 있다.

당신이 하는 말, 행동에 대해 상대방이 얼마나 미안함을 느끼는지를 보면 상대방에게 얼마만큼 영향을 미쳤는지 판단할 수 있다. 사람들은 조금만 높은 위치에 있어도 대접 받기를 원하지만, 대접을 받으려면 먼저 작든 크든 베풀려는 자세를 가져야 한다.

역경에 처했다고 상심하지 말고,
성공했다고 해서 지나친 기쁨에 휩쓸리지 말라.
- 호라티우스

굿 서비스는 CEO부터

굿 서비스란 말 그대로 좋은 서비스라는 의미다. 기업과 CEO의 성공과 실패는 모두 굿 서비스의 실천 여부와 관계가 있다. 기업에 굿 서비스 문화를 정착시키려면 무엇보다 CEO 자신이 굿 서비스를 할 수 있는 역량을 갖추고 있는지 점검해볼 필요가 있다. 대부분의 CEO는 노사 갈등 없이 잘 해결해나가지만, 그렇지 않은 CEO도 많다. 민간 기업도 노사 관계가 중요하지만 공기업은 더없이 중요하다.

굿 서비스를 실천하는 CEO만이 직원을 행복하게 하고 노사 관계가 원만하므로, 굿 서비스의 원천은 바로 CEO다. 다음의 항목을 통해 스스로 굿 서비스의 유형인지 확인해보자.

1. 평소 인간관계를 잘한다고 생각하는가?

2. 평소 음식점이나 택시 등을 이용한 후 감사하다는 표현을 잘하는 편인가?

3. 상대방과 갈등이 있을 때 그 원인이 상대방에게 있다고 고집하는가?

4. 스스로 서비스만큼은 자신 있다고 생각하는가?

5. 평소 임직원들에게 존댓말을 사용하는가?

6. 임직원의 행복은 당신에게 달려 있다고 생각하는가?

7. 평소 서비스 관련 책을 읽고 있는가?

8. 매너와 에티켓을 누구보다 잘 지킨다고 생각하는가?

9. 운전기사에게 최대한 예의를 갖추어 대한다고 생각하는가?

10. 임원회의, 간부회의, 직원회의 등에서 자주 서비스의 중요성에 대해 강조하는가?

하찮은 일일수록
품격을 지켜주라

요즘 갑질의 부당함에 대한 이야기가 많다. 장군의 부인이 공관 사병을 하인 다루듯이 해서 문제가 되기도 하고, 회장이 운전기사를 폭행한 일도 있다. 그렇다면 왜 이런 일이 발생하는지, 그 원인을 짚어볼 필요가 있다.

우선 가장 큰 문제는 갑질을 한 당사자다. 사람을 하찮게 보지 않는다면 그런 행동을 하지 않을 것이다. 특히 조직의 CEO라면 직원들의 품격을 지켜주어야 한다. 사람은 사람다운 대접을 받으면 상대방에게 고마움을 느끼고 행복해한다. 그렇다면 어떻게 직원들의 품격을 지켜줄 수 있을까? 평소 당신이 마주치는 사람들의 습관과 태도 등을 중요하게 여기고 대응하면 된다. 예를 들어 커피를 좋아하는 사람에게는 맛있는 커피숍을 소개하거나 커피를 챙겨주는 식이다.

나는 호텔에 근무하면서 고객의 품격을 지켜주는 일이 얼마나 중요한지 직접 느끼고 경험했다. 호텔 바에 단골손님이 있었는데 맨해튼이라는 칵테일을 무척이나 좋아했다. 그래서 바에 들어서는 순간 "안녕하세요. 맨해튼 준비해드리겠습니다"라고 말하면 기뻐하며 대접 받는다고 느꼈다. 120년의 전통을 자랑하는 일본 제국호텔의 바텐더는 단골이 좋아하는 칵테일은 물론이고 칵테일 잔의 위치까지 모두 암기한다. 손님의 품격을 지켜주는 친절을 베푸는 것이다.

당신의 직장에는 적게는 수십 명, 많게는 몇 만 명의 종업원이 근무하고 있을 것이다. 그러니 모두의 품격을 지켜줄 수는 없다. 그러나 가장 가까이 있는 직원만큼은 꼭 챙겨야 한다. 결재 받으러 온 직원을 세워놓을 것이 아니라 자리에 앉기를 권유한다면 좋아할 것이다. 자리에 앉는 것보다도 사장이 그런 배려를 해주는 것만으로도 기분이 좋아진다. 아주 사소한 일이지만 사장인 당신이 직원의 품격을 지켜주는 것이다.

직원들의 품격을 지켜주려 노력하는 일은 언제, 어디서든 가능하다. 직원 식당의 주방장에게 "오늘 메뉴는 아주 맛있어 보이네요. 날씨도 더운데 고생이 많으십니다"라고 인사를 건넨다면 더 열심히 일하려고 할 것이다. 직원들의 품격을 올려주고 지켜주면 곧 사장인 당신의 품격이 올라간다.

한 사장님은 평소 회식을 할 때 자신이 음식을 선택하지 않고, 직원들이 좋아하는 음식을 미리 결정하면 그것을 따른다고 한다. 자신이 좋아하는 음식을 직원들이 싫어할 수도 있다고 판단하고 미리 투표로 정하여 음식을 선택하게 한다. 이 역시 직원들의 품격을 지켜주는 것이다. 사소한 것일수록 품격을 지켜주는 데 소홀해서는 안 된다. 사소한 일까지 당신의 주장을 내세우고 직원들의 품격을 지켜주지 않는다면 오래가지 않아 그 자리에서 물러날 확률이 높다.

인생의 성공 법칙은 A=X+Y+Z다.
X는 일, Y는 노는 것,
그리고 Z는 침묵을 지키는 것이다.
– 아인슈타인

칭찬문화운동

고래도 칭찬하면 춤춘다는 말이 있다. 그만큼 칭찬이 기업을 살리고 동료애를 드높이며 기업의 기를 살린다고 해도 과언이 아니다. 그래서 나는 칭찬 문화라는 말을 좋아한다. 칭찬 문화가 직장에 확산되었을 때 그 기업은 성공할 수 있다고 확신하기 때문이다. 기업의 주체는 사람이고, 사람이 기업을 이끌어나가며, 모든 일은 사람 중심으로 움직이기 때문이다.

지금으로부터 수십 년 전의 일이다. 막 10살이 된 한 소년이 나폴리의 어느 공장에서 일하고 있었다. 그의 꿈은 성악가였는데 정작 그를 지도하는 선생님은 "너는 노래가 어울리지 않아. 문이 바람에 끽끽거리는 것 같은 목소리가 난단 말이야. 그 목소리 가지고는 도저히 성악가가 될 수 없으니 일찌감치 포기해"라고 했고, 소년은 몹시 낙담했다. 모친은 농사를 지어 하루하루 힘겹게 살아가고 있었지만, 아들이 들판에서 노래를 부를 때마다 엄마는 "너는 좋은 목소리를 타고났어. 노래 실력이 나날이 좋아지고 있으니, 분명히 성악가로서 성공할 수 있어"라며 용기를 불어넣어주었다. 아들은 더 열심히 노래를 불렀고, 그 결과 세계적인 가수 카루소가 탄생했다. 선생님의 말만 듣고 소년이 낙담하여 노래를 포기했다면 그는 성공하지 못했을 것이다.

기업이 칭찬으로 물들려면 CEO부터 칭찬 문화에 앞장서야 한다. 직원을 대할 때 칭찬을 실천하라. 결재를 받으러 온 직원에게도 칭찬할 거리를 찾으려 노력하는 것이다. 그러나 대부분의 사장은 칭찬에 회의적이고 인색하다. 어쩌다 아주 잘한 직원이 있으면 그제야 잘했다는 말을 겨우 건넨다. 그래서는 기업에 칭찬 문화를 확산시킬 수 없다.

노사 관계가 원만하지 않다거나 직원 간에 불화가 발생하고 임원끼리 다투는 기업을 살펴보면, 서로 상대방을 비방하기 바쁘다. 옆에 있는 동료를 칭찬하고, 상사를 칭찬해보라. 욕하거나 비방하는 사람들도 칭찬 문화에 익숙해지면 그러기가 어려워질 것이다. 직원들이 비방하는 직원을 용서하지 않게 되는 것이다. 또한 서로가 서로를 칭찬하기 때문에 기업에서 추진하는 일이 원만하게 잘 이루어진다.

칭찬 문화에 익숙하지 않은 데는 여러 가지 원인이 있지만, 쑥스럽게 생각하거나 자존심을 내세우기 때문이다. 그러나 칭찬 문화는 습관이다. 평소 말투와 쓰는 말을 점검해보라. 몇 번이나 칭찬하는 말을 사용했는지 확인해보면 놀랄 수도 있다.

칭찬을 잘하려면 선의의 거짓말에 다소 익숙해져야 한다. 미국 전 대통령이었던 지미 카터가 대통령이 되기 위해 선거운동을 하면서 일생 동안 단 한 번도 거짓말을 한 적이 없다고 연설했다. 그러자 유명한 여기자가 지미 카터의 어머니를 찾아가 그 말이 사실인지 물었다. 어머니는 선의의 거짓말은 했다고 대답했다. 여기자가 거짓말은 거짓말일 뿐이라고 따지자, 어머니는 자신도 처음 여기자를 만나자마자 선의의 거짓말을 했다고 대꾸했다. 그 말을 들은 여기자는 아무 말 없이 자리를 떠났다. 어머니는 기자에게 첫인사로 "방문해주셔서 감사합니다. 아주 아름다우시군요"라고 말했던 것이다. 선의의 거짓말은 상대방의 기분을 좋게 하고, 분위기를 부드럽게 만든다. CEO가 기업을 칭찬 문화로 물들이려면 선의의 거짓말에 다소 익숙해질 필요가 있다.

불가능이란 노력하지 않는 자의 변명이다.
- 작자 미상

4장

유머가
경쟁력이다

유머는 직원을
행복하게 만든다

10~15분 동안 크게 웃으면 약 50칼로리의 열량이 소모된다는 연구 결과가 있다. 웃음은 다이어트뿐 아니라 여러 질병에도 긍정적인 영향을 끼치므로 웃음 치료에 관심이 높아지고 있다. 또한 세계적인 기업 IBM에서는 매년 중역회의에서 유머 강사를 초대하여 웃음을 선사한다.

우리나라에서는 리더가 직원들을 웃기면 우스운 사람이며 무게감이 떨어지고 가볍다고 여기기 때문에, 대부분의 리더는 근엄하고 말이 없으며, 권위적으로 보이기 위해 잘 웃지 않는다. 기업에서는 권위주의, 군대 문화, 서열에 따른 의자 배치로 강압적 분위기와 공포감을 조성해야 조직을 잘 이끌어나간다고 생각한다. 그러나 상대방과의 거리감을 해소하고 긴장감을 없애기 위해서는 무엇보다 CEO의 유머 감각이 중요하다.

유대인은 유머를 자주 사용한다. 유머는 단순한 우스갯소리가 아니며, 유머러스한 사람을 매우 지적이라고 여긴다. 반면 우리의 직장 문화에서는 CEO가 웃음을 선사하고 자주 웃으면 군기가 빠졌다거나 리더의 자질이 부족하다는 식으로 CEO를 몰아붙이는 경향이 있다. 그러나 이제는 시대가 변했다. 웃음을 주는 CEO가 임직원들을 행복하게 만들고, 직장이 행복하여 생산성이 오르며, 직장 내 분위기가 화목하면 사건 사고도 줄어든다. 이렇듯 유머가 경쟁력을 높인다.

긴장된 분위기를 조성하고 공포심을 일으키는 CEO는 절대 오래가지 못한다. 나는 퇴근 후에 유머 책을 읽기도 하고, 임직원들과 술자리를 할 때 재밌는 이야기를 한두 마디 던져 임직원들과 가까이하려 노력한다. 분위기에 어울리는 유머를 준비해서 직원들이 재밌고 편한 리더라고 생각하도록 해야 한다. 유머는 직장뿐만 아니라 가정과 사회에도 전파되어야 할 행복의 무기다.

게다가 기업의 광고가 재밌어야 고객들도 좋아한다. 스테이플스(Staples)는 특이하고 유머러스한 아이디어로 성공한 대형 문구 기업이다. 누르기만 하면 "참 쉽네(That was easy)"라는 남자 목소리가 나오는 이지버튼을 사용하여 간편하게 주문할 수 있게 했던 것이다. 각 매장에서 판매하는 이지버튼은 순식간에 입소문이 번졌고, 직원들이 일로 인한 스트레스가 쌓일 때마다 분위기 전환용으로 이지버튼을 누르게 되었다. 수익이 늘어나자 스테이플스는 이로 인해 발생한 수익을 자선 단체에 기부했다고 한다.

유머는 직원을 행복하게 만든다. 게다가 유머는 굿 서비스에서 필수적인 요소다. 그렇다면 당신이 유머 감각을 가지고 있는지 확인해 볼 필요가 있다. 아래의 항목들을 스스로 점검해보자.

1. 회의할 때 유머를 준비해서 임직원들에게 이야기하는가?

2. 평소 직원들과 대화할 때 자주 웃는가?

3. 유머가 직원들과의 소통에 도움이 된다고 생각하는가?

4. 임직원들로부터 유머가 있다는 소리를 자주 듣는가?

5. 평소 유머 관련 TV프로그램이나 책을 보는가?

6. CEO의 유머가 직장 분위기를 바꿀 수 있다고 보는가?

7. 평소 자주 웃는 편인가?

8. 임직원들에게 평소 유머의 필요성을 강조하는가?

9. 집에서도 가족들과 자주 유머 섞인 대화를 하고 있는가?

10. 스스로 유머에 점수를 매긴다면 얼마나 되는가?

당신이 사용하는
언어가 문제다

누구나 "안녕하세요"라는 말을 쓴다. 그러나 똑같은 말이라도 상대방에 따라 달리 해석할 수 있다. 듣는 사람은 상황에 따라 나름대로 해석한 후 다른 방식으로 인식하여 기분 나쁘게 받아들일 수도 있기 때문이다. 그래서 효과적으로 상대방과 대화하려면 단어만 나열해서 되는 것이 아니라 내가 한 말을 상대방이 어떻게 받아들일지 항상 고민해야 한다. CEO로서 직원에게 공손하게 인사했더라도 목소리 높낮이, 듣는 자의 상황, 사용한 단어 등이 상대방의 기분에 크게 영향을 미칠 수 있다.

CEO는 항상 무엇을 말할 것인지 핵심적인 주제를 찾아 간결하게 말하는 연습을 게을리 해서는 안 된다. 요즘의 젊은 직원들은 CEO가 무엇을 말하는지 단번에 알아차린다. 그러므로 사용하는 언어, 음성, 시각에 간결성까지 유의해서 직원들과 대화하자.

CEO들이 술자리나 회식, 회의석상에서 말실수해서 낭패를 보는 경우를 종종 볼 수 있다. 어떻게 보면 억울하다고 할 수 있으나, 일단 내뱉은 말은 다시 주워 담을 수 없기 때문에 조심할 수밖에 없다. 언어의 구사력이 어눌한 CEO라면 차라리 침묵을 지키는 것이 낫다. 때로는 침묵이 '리더답다'는 인식을 심어줄 수 있다.

나폴레옹은 전쟁터에 나가기 전에 모든 장병들을 연병장에 집합시켜놓고 연단에 올라가 수십 초 동안 아무 말도 하지 않았다고 한다. 잠시 침묵하며 장병들을 바라보다가 큰 소리로 말문을 열었다. 전략적 침묵의 대가라고 할 수 있는 히틀러도 베를린광장에 수많은 사람들을 집결시켜놓고 아무 말 없이 이마와 콧수염을 만졌다고 한다. 전략적으로 침묵의 시간을 만들어 상대방에게 카리스마를 보여준 것이 아닌가 싶다. 그러나 시대는 바뀌었고, 침묵만으로 상대방을 설득하기가 쉬운 일은 아니다.

표현력이 뛰어난 사람들은 말하기 전에 내용을 생각하고, 상대방의 입장에서 전달하는 데 뛰어나며, 명료하고 순서에 맞게, 상대방의 반응을 확인하며 말한다. 그리고 그들은 대부분 칭찬하는 데 아주 익숙하다.

대화할 때 조심해야 하는 말이 있다. 차별하는 언어, 즉 직원이 들어서 기분 나빠할 만한 말이다. 나이, 성, 성적 취향, 인종, 종교, 정치적 편향, 장애, 성격, 신체 조건 등에 관한 말은 직원들과 대화하며 자첫 실수할 소지가 충분하다. 얼마 전 술자리에서 상대방에게 "살 빼야겠다"는 말을 듣고 기분이 나쁘다고 칼로 찔러 죽이는 사건이 발생하기도 했다. 그러니 사람에 따라 어떤 말은 치명적일 수 있다는 사실을 명심해야 한다.

또한 업무를 지시할 때는 명령조의 말투보다는 부드럽고 상대방이 들어서 기분 좋은 말을 사용하자. "내가 이런 아이디어를 떠올렸어"라고 하기보다는 "이 아이디어, 한번 재미삼아 들어볼래요?"라고 하면 '나'보다 '상대방'을 배려하는 말이므로 한층 기분이 좋을 것이다. 이렇듯 부드럽게 말하는 것에 익숙해져야 한다.

CEO가 강력한 리더십을 발휘하려면 강압적인 언어를 사용해야 한다고 생각할 수도 있다. 그러나 요즘 세대는 옛날과 다르다. 게다가 부드러움이 강함을 제압할 수 있다. 부인이나 자녀에게 공포 분위기를 조성하는 강압적인 말투를 사용해서는 가정이 화목해질 수 없듯이, 직원들의 자존심을 살려주고 원활하게 소통하려면 직원 스스로 선택할 권한을 주어야 한다. CEO가 직원들에게 강압적인 말투로 요구하면 직원들은 선택권이 없다고 생각하고 일의 의욕이 떨어진다.

건배사하는 데도
요령이 있다

어느 모임에서나 나를 알리는 좋은 방법이 건배사를 잘하는 것이다. 자칫 한두 마디를 준비하지 못하고 참석했다가 난관에 봉착할 수도 있다. 조직을 거느리는 기업의 CEO로서 건배사는 반드시 준비해야 한다. 사소해 보이겠지만 당신을 확실하게 인지시키려면 건배사 서비스를 실천해보라.

나는 건배사를 50개 이상 준비해놓는다. 계절, 날씨, 승진 축하, 시험 합격, 회식 등 때와 장소, 상황에 맞추어 건배사를 한다. 건배사는 인터넷을 검색해도 많이 찾을 수 있다. 건배사를 외우기 힘들다면 핸드폰에 저장해놓았다가 참고하면 된다.

건배사는 단 한두 마디지만, 폭소가 터지기도 하고 감동을 주기도 한다. 모임의 성격에 따라 영어, 일본어, 독어, 중국어 등 몇 가지 외국어로 준비했다가 건배사를 하면 깊은 인상을 남길 수도 있다. 한편 똑같은 건배사라도 상황에 따라서는 분위기를 망치기도 한다.

또 여성 위주의 모임인지, 남성만의 모임인지, 아니면 섞여 있는지 잘 구분해서 건배사를 해야 한다. 여성만이 모인 자리에서 성문화와 연관해서 잘못 건배사를 하게 되면 낭패를 보게 된다. 튀려고 이상한 말을 했다가 오히려 문제가 되는 경우도 많다. 대부분의 남성들은 성과 관련한 건배사를 하여 주변 사람들을 웃기려고 하는데, 그러한 건배사를 받아들이지 못하는 남성들도 의외로 많다.

조심해서 건배사를 해야 할 자리라면 평범한 멘트를 하는 것이 좋다. '건강을 위하여', '더 나은 발전을 위하여' 등 일상적으로 문제가 없는 주제를 선정하는 것이 낫다. 그리고 행동이나 발음을 조심해야 한다. 여러 사람이 당신을 주시하기 때문에 목소리가 작아 들리지 않는다면 아무리 좋은 건배사라 해도 분위기를 띄울 수 없다. 원래 말이 빠른데 긴장하면 더 빨라지는 사람도 있다. 그리고 건배사를 하기 전에 자신을 소개하거나 군더더기 말이 붙으면 지루하게 들릴 수 있다. 몸을 자주 움직이는 것도 청중들에게 불안감을 조성한다. 가능하면 한두 마디로 청중이나 모임의 회원을 감동시켜야 한다.

유머도 처음부터
잘할 수 없다

요즘 신세대 직장인들은 개성이 뚜렷하고, 할 말이 있으면 과감하게 자신의 의견을 피력한다. 그리고 상사가 재미없으면 대화를 기피하는 경향도 있다. 물론 경영자가 직원들에게 인기를 얻으려고 일하는 것은 아니지만, 조직을 잘 이끌어가기 위해서는 직원들이 CEO를 따라야 한다. 실제 직원들을 대상으로 설문 조사를 해보았더니, 유머가 있는 상사한테 친근감이 느껴지고 훌륭하다고 생각한다는 결과가 나왔다고 한다. 이는 외국도 마찬가지라, 대통령도 유머가 있어야 국민들이 잘 따른다. 간디는 살아생전에 "내게 유머를 즐길 수 있는 센스가 없었다면 아마도 자살하고 말았을 것이다"라고 말하곤 했다. 철의 여인 마거릿 대처 수상은 수백 명이 모인 만찬장에서 "홰를 치며

우는 건 수탉일지 몰라도 알을 낳는 건 암탉입니다"라고 말했는데, 남성 중심의 보수적 성향이 강한 영국이지만 여자를 무시하지 말라는 그녀의 한마디로 웃음바다가 되기도 했다.

유머는 직원들과 융화하는 데 가장 중요한 무기다. 매일 딱딱한 이야기만 하고 직원들을 강요하고 교육하는 데만 익숙한 사장이라면 지금부터라도 유머를 배워야 한다. 미국의 대통령인 레이건 역시 유머러스한 성격으로 널리 알려졌다. 한번은 백악관에서 유명한 피아니스트를 초청해 연주회를 열었다. 그런데 연주회가 끝나고 연단으로 올라가려던 낸시 여사가 그만 발을 헛디뎌 넘어졌다. 연주회에 참가한 사람들이 웃자 얼굴이 빨개져 당황한 낸시 여사에게 레이건 대통령은 다가가 "여보, 분위기가 썰렁해야 넘어지기로 했잖아"라고 말했고, 모든 사람들은 박수로 환호했다.

항상 딱딱한 분위기를 연출하는 CEO라면 당장 유머가 넘치는 직장 분위기 조성에 앞장서보자. CEO가 유머가 있어야 직원들이 쉽게 다가온다. 나는 말 한마디도 유머러스하게 하려고 많은 노력을 기울인다. 때로는 유머 책도 보고 인터넷에서 본 재미있는 이야기를 메모해놓았다가 회식 자리에서 말하기도 한다.

상황에 따라서는 직원들이 웃기는커녕 분위기가 썰렁해지는 경우도 있었지만, 포기하지 않고 계속 노력했다. 그랬더니 직원들이 내 이야기를 듣고 점점 웃기 시작했다. 유머 역시 처음부터 잘할 수 없다. 주변 사람들이 웃기는커녕 싸늘해지더라도 계속 유머를 던지는 데 익숙해져야 나중에는 사람들도 즐거워하게 될 것이다.

유머를 갖춘 CEO가
좋은 리더다

하버드 의대의 조지 베일런트 교수는 하버드 대학을 졸업한 260명의 삶을 66년에 걸쳐 조사했다. 그런데 대학 시절의 성적이 아니라 웃음과 유머가 성공하는 데 커다란 영향을 미쳤다고 한다. 뿐만 아니라 노벨상을 탄 아인슈타인은 "나를 키운 것은 유머였고 내 최고의 능력은 농담"이라고 했다. 연구에 평생을 몰두한 학자가 유머의 중요성을 강조한 것만 보아도 유머는 현대인, 특히 조직을 이끌어가는 CEO에게 더욱 필수적인 것이 아닌가 싶다.

CEO가 유머를 갖춘다는 것은 그리 쉬운 일이 아니다. 그러나 직원들을 설득하거나 무언가를 강조하면서 유머를 발휘하여 많은 직원들이 웃었다면 그들을 행복하게 만든 것이다. 물론 유머에도 품격이 있다. 이런 유머를 자유자재로 구사하는 CEO야말로 직원들이 좋아하지 않을 수 없다. 대개 CEO는 직원들을 대상으로 연설하거나 토론할 때 재미없고 따분하고 길게 이야기를 늘어놓기 때문에 듣는 사람이 없다.

훌륭한 CEO 중에도 유머를 갖춘 사람들은 많다. 현대그룹 정주영 회장은 뛰어난 유머 감각을 지녔다고 알려졌다. 하루는 정주영 회장이 공장을 방문했는데, 그 순간 공장에서 불이 났다. 주위의 모든 직원이 안절부절못했다. 그러자 "안 그래도 공장을 새로 지으려고 했는데 불이 났으니 다행이군"이라고 하여 주변 사람들을 놀라게 했다고 한다.

또한 아이젠하워 대통령은 연단에서 연설을 마치고 내려오다가 그만 실수로 넘어졌다. 이 광경을 본 청중들이 웃자, 아이젠하워 대통령은 "여러분들이 재미있어하시니 다시 한 번 넘어져야겠군요"라고 하여 다시금 청중들을 웃겼다.

선조 때 왜군의 침공으로 멀리 의주까지 피난을 가서도 동인과 서인은 서로를 비방하며 여전히 당파 싸움을 벌였다. 하루는 또 당파 싸움이 일어나자 갑자기 이항복이 벌떡 일어섰다. 그리고 "우리 중신들이 이렇게 싸움을 잘하는 줄 미리 알았다면 좋았을 텐데요. 동인은 동해에서, 서인은 서해에서 싸우게 했다면 왜놈들이 절대 이 땅에 발을 못 붙였을 겁니다"라고 말했다. 그런 상황에서도 유머를 발휘한 정승의 기지가 놀랍다.

직원들을 매일 만나는 CEO는 말을 많이 하게 된다. 그러나 말을 많이 하는 것보다는 얼마나 재미있게 하느냐가 중요하다. 재미없는 말에 익숙해진 CEO라면 고민해야 한다. 시대가 많이 바뀌었다. 많이 웃고 웃기는 기업의 CEO가 직원들과 소통도 잘하고 기업의 생산성도 높다. 그러니 오늘도 재미없는 말로 직원들을 괴롭히지는 않았는지 고민해야 한다. CEO가 재미가 없거나 딱딱한 분위기를 조성하면 직원들 간의 화기애애한 분위기도 사라진다. 그러나 잘못 유머를 남발하다가 큰코다치는 수도 있으니 조심해야 한다.

한 번 실수와 영원한 실패를 혼동하지 말라.
- 스콧 피츠제럴드

웃으면 복이 온다

122세의 나이로 세상을 떠난 프랑스 여성 잔 칼망(Jeanne Louise Calment)은 장수의 비결을 "항상 웃는 것, 지루하지 않게 생활을 보내는 것"이라고 했다. 이렇듯 웃음은 건강의 비결이 되기도 한다. 병원에서도 웃으면 암세포가 파괴된다고 하여 암환자를 대상으로 웃음치료를 하기도 한다. 캘리포니아 주립대학의 통증의학 교수였던 브래들리는 환자에게 매일 거울 앞에서 웃으라는 처방전을 써주었다고 한다.

웨이트리스는 손님에게 미소를 많이 지으면 그만큼 팁을 더 받는다. 환자들은 웃지 않는 간호사보다 웃는 간호사가 치료에 더 관심이 있다고 받아들인다. 심지어 편의점에 물건을 훔치러 들어온 강도라도 점원이 상냥하고 미소를 짓는 모습을 보이면 범죄 행위를 멈추거나 미루려 하는 경향이 있다고 한다.

뇌는 억지로 웃는 것과 자연스러운 웃음의 차이를 인지하지 못한다. 그래서 사람들은 억지로라도 웃으려고 한다. 웃는 것이 건강에 좋을 뿐만 아니라, 웃는 사람에게는 복이 온다고 할 만큼 웃음을 긍정적으로 본다. 사람의 관상을 볼 때도 웃는 사람이 더 좋은 팔자라고 여기고, 회사에서 사람을 채용할 때 웃는 사람에게는 후한 점수를 주기도 한다.

나는 눈이 조금 올라가고 코가 뾰족하여 날카로운 인상을 풍긴다는 이야기를 많이 듣는다. 어느 날 웃음 강사의 강의를 듣고 매일 아침 일어나 거울 앞에서 웃는 연습을 하기로 했다. 그래서 거울을 보고 싱긋 웃기도 하고 큰 소리를 내면서 웃기도 했으며, 핸드폰으로 찍어 얼굴을 분석하기도 했다. 이렇게 꾸준히 연습했더니 이제는 인상이 날카롭다는 말을 듣는 경우가 줄어들었다.

유머 있는 사람이 되려면 유머가 필요한 이유를 몸소 느껴야 한다. 유머가 있는 사람은 적이 없다. 게다가 유머는 위기를 극복하는 데 도움이 되며 두뇌 활동을 촉진시킨다. 또한 일을 즐겁게 만들고 스트레스를 날려주기도 한다. 그뿐 아니라 협상력을 높여주기도 하고 인간관계에서도 도움을 준다.

원래부터 유머가 없다고 포기하면 안 된다. 유머를 잘 구사하는 것이 중요한 것이 아니라 유머를 할 수 있다는 자신감을 가지면 된다. 처음부터 유머를 잘 구사하는 사람은 없다. 그러므로 다음의 사항을 염두에 두고 미소와 유머를 연마하자.

　　오늘부터 조금 더 웃는다.
　　오늘부터 매사에 감사한다.
　　오늘부터 모든 일을 긍정적으로 생각한다.

5장

리더가 알아야 할
사회의 변화

4차 산업혁명이
다가오고 있다

인류는 여러 차례의 산업혁명을 거쳤다. 1차 산업혁명은 증기기관의 도입으로 인한 기계화 혁명이었고, 2차 산업혁명은 전기에너지 기반의 대량 생산 체제였다. 컴퓨터와 인터넷을 매체로 한 지식 정보화 혁명이 3차 산업혁명이었고, 최근에는 인공지능, 사물인터넷 등이 생활과 산업 전반에 영향을 미치는 시대를 맞이하고 있다.

국가나 지방자치단체가 운영하는 공기업이나 민간 기업은 4차 산업혁명의 물결이 휘몰아칠 것으로 보인다. 특히 위험한 작업장을 관리하는 부서에는 무인 시스템과 로봇과 드론 기술이 도입될 것이므로, 빅데이터를 활용한 4차 산업혁명을 주도할 모델을 기업에서 개발할 필요가 있다. 인공지능과 로봇의 등장으로 사람들의 일자리가 줄어들 수 있다고 하지만, 혁신을 거듭하면 공공 및 민간 분야에서 새로운 일자리가 창출될 것으로 본다.

4차 산업혁명의 물결은 전반적인 산업 분야에 적용되기 때문에 다양한 시설과 인력을 적재적소에 배치하기 위해 인력 수요에 대한 대비책을 철저하게 준비할 필요가 있다. 특히 지능을 요구하는 정보 기술 분야에서 인력 수요가 급격히 증가할 것이므로, 새로운 직업군을 현장에서 개발하여 기업 차원에서 4차 산업혁명의 모델을 확산시키면 전 산업 분야에 적용할 수 있을 것이다.

특히 서비스 관련 직종이나 의료 분야의 고용률이 급격히 증가할 것으로 보인다. 따라서 서비스 기업의 일자리 창출은 계속 늘어날 것이다. 문제는 기업에서 생산을 창출해낼 수 있는 수익 모델을 만들어야 한다는 것이다. 서비스 시설을 운영하는 기업 차원에서는 저렴하고 가치 있는 서비스 창출이 무엇보다 중요하다. 또한 기업 차원에서 의료 서비스를 민간 부문보다 공기업 차원에서 제공할 수 있도록 전환하는 일도 심도 있게 고려할 필요가 있다고 본다.

4차 산업혁명을 맞이하여 기업에서는 다양한 시설과 정보를 어떻게 활용할 수 있을지 늘 고민하고 새로운 아이디어를 창출해내야 한다. 현 정부에서 추진하고 있는 일자리 창출이 중요한 정책 중 하나라면, 민간 기업과 더불어 공기업 차원에서 일자리를 창출해야 한다. 그러나 4차 산업혁명으로 인해 자동화, 로봇과 사물인터넷이 도입되면서 일자리 창출에 역풍을 맞을 수도 있다. 그러므로 기업에서 새롭게 필요로 하는 인력이 무엇인지 연구해야 한다. 현재의 일자리뿐 아니라 미래의 일자리가 기업에서 얼마나 존속될 수 있는지, 미래의 일자리를 기업에서 어떻게 발굴할 것인지 지금부터 고민할 필요가 있는 것이다.

전 세계적으로 4차 산업혁명의 물결이 휘몰아치고 있다. 기업 차원에서도 이 거센 물결을 어떻게 넘을지, 더 많은 일자리 창출을 위해 과연 기업에서 해야 할 일이 무엇인지 고민해야 한다. 그리고 산업 변화에 대처하기 위한 전략과 전술을 갖추어야만 CEO로서 살아남을 수 있다.

공기업과 사기업은 다르다

기업은 영리 추구를 목적으로 하지만, 국민에게 공공서비스 상품을 제공하는 국가 공기업은 일반 기업과는 확연하게 다르다. 출자 주체가 정부인 경우, 사업 집행에 필요한 자금 조달이 용이하고 자본을 증자할 때 은행 금리보다는 훨씬 저렴하게 공채를 발행할 수 있다. 이는 정부로부터 운영 자금을 받기에 가능한 일이다.

기업의 경우 이윤을 추구하지 않는다면 존재 자체가 유명무실해진다. 그러나 공기업의 경우 이윤 추구보다는 공공성에 주안점을 두어 국민에게 공공 서비스를 제공하는 일을 하므로 이익을 추구할 필요는 없다. 대신 공기업을 운영할 때는 사기업과 달리 여러 기관으로부터 통제와 감독을 받는다. 지방 공기업의 경우 지자체장과 관련 기관,

국가 공기업의 경우 국회나 정부로부터 통제와 지시를 받는 것이다. 일반 사기업은 이런 면에서 자유롭다고 할 수 있다. 지방 공기업의 경우 지자체에서 정한 조례에 따라 운영되며 독자적으로 경영 활동을 하는 것은 매우 제한적이다.

공기업의 경우 조직 통제의 주체가 다양한 관계로 각종 이익 단체나 지역 또는 공익 단체로부터 통제를 받으므로 CEO가 리더십을 발휘하는 데 한계가 있다. 그러나 사기업의 경우 이익 단체나 정부 기관의 통제에서 벗어나 자유롭게 영업 활동을 할 수 있다. 이렇듯 똑같은 상황이라도 공기업과 사기업의 CEO는 조직 통제의 한계가 다르다는 사실을 이해할 필요가 있다. 따라서 공기업과 사기업의 CEO는 공기업과 사기업의 개념과 추구하는 목적이 다르다는 것을 이해하지 않으면 열심히 일하고도 직원들이나 고객으로부터 호된 질책을 받을 수 있다.

더욱이 중요한 것은 각종 언론에서 큰 낭패를 당할 수도 있다. 공공시설인 수영장인데 일반 수영장보다 요금을 더 비싸게 받거나 수영장의 영업 수익을 강조한 나머지 수익 강화 차원에서 공공 서비스를 게을리 한다면 큰 문제가 될 수 있다.

한 공단의 이사장은 취임 때부터 민간 기업 차원의 수익을 강조하고 요금을 파격적으로 올려 공단 운영 수영장의 매출 향상을 도모한다는 취지로 직원들이 민간 기업처럼 열심히 일하도록 독려했다. 그러나 얼마 지나지 않아 공단을 스스로 그만두었다. 가장 큰 요인은 공공성을 강조하는 공기업에서 수익성을 추구하여 요금을 파격적으로 올린 것에 대해 시민들이 반발했고, 이사장 퇴진 운동은 시의회에까지 번져 상당한 압박을 받았기 때문이었다.

그러나 공기업이든 사기업이든 CEO가 잊지 말아야 할 것이 있다. 수익의 극대화 또는 주주 가치의 극대화보다는 이용 고객의 가치를 극대화시키는 전략이 중요하다는 점이다. 기업의 수익을 강조한 나머지 고객을 등한시하면 기업이 몰락할 수 있다는 사실을 명심해야 한다. 그러므로 민간 기업이라도 기업 간에 수익을 내기 위해 출혈 경쟁을 펼치기보다는 고객의 가치에 의미를 부여해야 한다.

공공 서비스를 강화하기 위해 일을 추진하다 보면 일반 기업처럼 운영 수익을 낼 수 없다. 공기업의 경우에도 수익을 낼 수 있다면 이익을 내야 할 것이다. 문제는 공기업과 사기업이 한 지역을 중심으로 서로 충돌하는 경우다. 공기업에서 운영하는 수영장의 입장료와 민간 기업에서 운영하는 수영장의 경우 입장료가 크게 차이날 수 있다. 그래서 민간 기업에서 운영하는 수영장은 공기업의 수영장 때문에 가격 면에서 밀려 문을 닫는 경우가 종종 발생한다. 그렇다면 공기업의 특성을 이해하여 이에 부합되면서도 시민의 공공성을 강조하는 부문은 공기업에서 운영하고, 민간 기업은 공공 서비스가 아닌 업종을 선택하도록 정부에서 정해줄 필요가 있다.

행복한 직원이
훌륭한 경영 평가를 낳는다

CEO가 뚜렷한 경영 실적을 내지 않으면 직원뿐만 아니라 기업의 이사회에서 이내 그 자리에서 물러나게 할 것이다. 그만큼 평가는 중요하다. 특히 경영 평가는 리더십과 직결된다. 경영 능력이 탁월한 CEO는 기업에 이익을 가져올 뿐만 아니라 직원들로부터도 지지를 얻는다. 기업이 곧 문을 닫을 지경에 이르렀을 때 혜성같이 나타나 기업을 되살렸다면 이보다 더 큰 업적은 없다.

적자에 허덕이던 사우스웨스트 항공사를 경영 흑자로 전환시킨 허브 켈러허(Herb Kelleher) 회장의 이야기는 적자에 내몰리고 있는 기업의 CEO라면 한 번쯤 되새겨볼 필요가 있다. 나는 켈러허 회장의 경영 이야기를 읽고 실천해보려 노력했다. 물론 공기업에 항공사의 성공 사례를 적용하기는 어렵지만, 직원들에 대한 사랑만큼은 눈여겨볼 만하다. 그는 "직원, 주주 그리고 고객 중에서 직원이 가장 우선시되어야 한다고 생각합니다. (중략) 우리의 직원을 드높이고 존중하며 보살피고 보호해야 합니다. 직원의 직함이나 직위에 관계없이 말입니다. 그로 인해 직원들은 서로를 보살피게 되고 손님들을 세심하게 보살피고 환대할 것입니다"라고 했다. 그는 직원을 가장 우선시하는 기업 문화가 수익 창출로 이어진다고 여겼으며, 이는 곧 주주들에게도 이익으로 돌아간다고 생각했다.

CEO라면 직원들이 아주 중요하다는 사실에 동의할 것이다. 경영 평가 역시 직원들이 열심히 일하지 않으면 좋은 결과를 얻을 수 없으며, 모든 평가 항목 하나하나가 직원들의 업적에서 나온다. 그래서 나는 평가 항목을 심도 있게 살펴보고 담당 직원 및 부서 책임자와도 면밀히 대화를 나누었으며, 방향 설정만 잘 정해서 경영 평가를 받으면 큰 문제가 없을 것이라 판단하고 열심히 일했다. 그런데 부임하던 첫해에는 다 등급으로 우수한 성적을 거두지 못했다. 1년 후 평가에서는 나 등급으로 한 단계 올라갔다.

그래서 더 좋은 평가를 받기 위해 사무실에 '경영 평가 주요 지표 목표 달성 현황'을 써 붙이고 하나하나 점검했다. 노력해서 될 것도 있지만 근본적으로 시설을 보완해야 해결할 수 있는 경우도 있었다. 물론 각 항목에 대해 심도 있는 논의를 거쳤지만, 직원들에게 권유하거나 강압적으로 평가 항목을 충족시키도록 압박하지 않았다. 직원들 스스로가 일상적인 업무에서 찾도록 했고, "여러분이 재미있어야 일도 잘됩니다. 가능한 한 많이 웃고 재미있게 일합시다"라며 자유롭게 토론하도록 분위기를 조성했다. 팀장급도 스스로가 흥미와 재미를 갖고 항목을 관리하게 하고, 하급 직원에게는 강요하지 않도록 했다.

경영 평가의 중요성에 대해서만은 필자가 별도의 시간을 내어 팀장급이 모인 자리에서 다른 주제와 접목하여 강의했다. 직원들이 행복해야 노사가 행복하고, 노사가 행복하면 직원들이 행복해지며, 공단의 경영 평가는 저절로 잘 나오게 되어 있다는 내용이었다. 그 덕분인지 2017년에는 전국 특광역시 환경공단에서 2위를 차지했다. 한국환경공단에서 실시한 기술 진단 완료 시설 운영 관리 평가에서 대전하수처리장이 최우수 시설로 선정되기도 했다. 이외에도 대전월드컵경기장은 무재해 1배수 인증을 받는 등 크고 작은 많은 상을 수없이 받았다. 물론 이러한 결과는 모두 직원들의 행복한 직장 생활 때문이라고 확신한다.

직원들 모두 항상 웃고 행복한 직장 생활을 영위하기 위해서는 행복한 리더십을 발휘할 수 있는 혜안이 필요하다. 행복한 직장 생활이 경영 평가로 이어진다는 것을 잊지 말자.

장애인 채용은
선진국으로 가는 필요조건이다

한국에서는 민간 기업이나 공기업에서 장애인을 채용하기가 매우 어려운 실정이다. 모든 CEO가 그런 것은 아니지만, 일부 CEO는 생산성이 저하된다고 생각한다. 사회적인 인식도 아직은 부족하다. 실로 안타까운 일이다.

그러므로 장애인 채용의 기회를 넓혀 더 많은 장애인들의 일자리를 창출하는 것이 국가의 과제라고 본다. 내가 근무하는 대전시설관리공단의 경우 매년 장애인을 채용하여 좋은 호응을 얻고 있다. 물론 공기업 차원에서는 장애인을 채용하여 흑자를 내기가 매우 어렵다. 그러나 이익을 떠나 사회에 기여한다는 점에서 높이 평가할 필요가 있다고 본다.

장애인들이 생산한 품목은 공공기관에서 의무적으로 1%를 구입하게 되어 있는데, 실제 이런 제도에 대해 알고 있는 공공기관은 많지 않다. 나는 공공기관 수백 곳에 홍보 책자를 보내기도 하고, 직접 여러 곳을 방문해 무지개복지센터에서 생산한 각종 제품을 판매 및 홍보했다.

　　공기업이든 사기업이든 장애인에 대한 차별적 인식을 철폐하고, 장애인 고용에 대한 인식을 전환해야 한다. 이는 공공기관에서 앞장서지 않으면 안 되며, 더 많은 공기업에서 장애인을 고용하여 이들이 생산한 제품을 구입하는 운동을 확산시킬 필요가 있다. 매년 전국에 있는 많은 공공기관이나 지자체에서 대전의 무지개복지센터를 방문하지만, 아직까지 장애인을 채용하고 이들이 만든 제품을 판매하는 곳은 없다.

　　공공기관이 수요자이자 공급자라는 점에서, 공기업 차원에서 이런 기업을 운영하고 정부, 지자체, 공기업 등에서 물품을 구입한다면 장애인 고용이 한층 수월해질 것으로 본다. 이를 실천하기 위해서는 범시민적으로 공공기관에서 생산한 장애인 제품에 대한 인식을 전환할 필요가 있다. 또 공급 역량을 충분하게 늘릴 수 있도록 정부나 지자체 산하에 공기업 개념의 장애인 생산 기업을 적극적으로 육성하도록 정부에서 앞장서야 한다고 본다. 최근 일자리 창출 차원에서 정부에서 많은 인력을 채용하고 있으나, 정작 장애인들에 대한 공공기관 일자리 창출에는 한계가 있어서인지 매우 소극적이다.

　　민간 기업이든 공기업이든, 장애인 고용 관련 기업을 만들어서 운영해보자. 특히 공기업의 경우 장애인 고용이 사회에 기여하는 면을 고려해야 한다. 대전 무지개복지센터에는 약 100여 명의 장애인이 고용되어 근무하고 있다. 정년이 보장되는 정규직은 아니지만, 2년의 계약 기간 이후 기술을 익혀 민간 기업에 취업한 장애인도 상당수에 달한다.

장애인을 많이 채용하기 위해서는 예산이 많이 필요하다. 그러나 무엇보다 기업의 핵심 책임자인 CEO가 장애인 고용의 터전을 마련하는 데 앞장서야 한다.

선진국으로 가려면 장애인 고용 제도를 개선할 필요가 있다. 그러려면 대전 무지개복지센터와 같은 공기업 개념의 장애인 기업이 전국에 최소 100여 개 이상은 세워져야 한다. 아직까지는 상당한 어려움이 따르지만, 모든 CEO가 장애인 고용 제도를 확산시킬 수 있는 방안을 만든다면 가능할 것이라 믿는다.

사회적 기업과 제휴하라

기업은 지역사회와 함께하고 사회 소외계층을 배려하며 기업의 이미지를 한층 높일 필요가 있다. 특히 공공기관의 경우 사회적 기업과의 제휴는 꼭 필요하다. 사회적기업육성법 제2조에 따르면 사회적 기업이란 취약계층에게 사회적 서비스 또는 일자리를 제공하거나 지역사회에 공헌함으로써 지역 주민의 삶의 질을 높이는 등 사회적 목적을 추구하면서 재화 및 서비스의 생산, 판매 등 영업활동을 하는 기업을 말한다. 그렇기에 기업에서 사회적 기업과 연계하여 취약계층에 일자리를 제공한다는 것만으로도 중요한 의미를 가진다.

나는 시설관리공단 주변의 사회적 기업과 연대를 맺고 공단에서 필요한 물품을 매년 일정 액수 이상 반드시 구입했다. 그리고 사회적 기업의 운영 책임자와 정보 교류 등을 통해 일자리 창출에 적극적으로 협조했다.

기업에서 근무하는 임직원들이 사회적 약자와 같이 동행하는 것만으로도 공공 서비스에 크게 기여하며, 임직원 모두가 공공 서비스에 크게 기여하기 때문에 행복한 직장 생활을 영위해가는 데 큰 역할을 한다. 그러므로 기업에서는 소외계층의 일자리 창출을 도모할 수 있는 사회적 기업에 관심을 가져야 한다. 물론 공공기관이나 공기업에서는 당연히 사회적 기업과 유대 관계를 가져야 하지만, 민간 기업의 경우에도 사회적 기업과의 연대는 매우 중요하다. 기업의 이미지 제고와 지역 봉사 차원에서도 더욱 그러하다. 기업의 이익 창출은 결국 고객에게서 비롯되므로 지역사회와의 연대는 기업에 매우 중요하기 때문이다.

매년 사회적 기업의 수가 늘어나고 있지만, 이들의 경영 실적이 호전되는 것은 아니다. 물론 경영을 잘해서 성공한 사회적 기업도 있지만 그렇지 않은 사회적 기업도 상당수에 달한다. 지속적으로 고용 창출이 이어져야 하는데, 이는 국민 세금이 들어가는 부분이라 한계가 있다. 따라서 민간 기업의 CEO가 사회적 기업에 많은 관심을 갖고 이들이 생산한 상품을 지속적으로 구입한다면 일자리 창출에도 크게 기여할 것으로 본다. 일단 사회적 기업의 매출이 어느 정도 이상이 되어야 인력을 채용할 수 있기 때문이다. 이를 위해 공기업, 민간 기업, 사회적 기업 모두가 공생하는 방안을 모색할 필요가 있다. 따라서 지역의 공공기관과 함께 매년 사회적 기업 모두가 참여하는 제휴 및

MOU 체결 등을 시설관리공단에서 선도하고 있다.

기업의 CEO라면 기업의 이미지를 높이기 위해 여러 가지 방안을 모색한다. 사회적 기업과의 지속적인 연대는 기업의 이미지를 새롭게 해줄 것이다. 이는 일상에서 얼마든지 찾을 수 있는 방안이기도 하다.

> 위대한 업적은 커다란 위험을 감수한 결과다.
> – 헤로도토스

6장

갈등을
해결하는 법

협업은 갈등을 해결한다

지구상 65억이 넘는 인구 중에 똑같은 사람은 한 사람도 없다. 그런데 사람들은 서로 다르다는 사실을 존중하기보다는 자신의 주장에 동감해주기를 강요한다. 이런 이유로 협업과 협치가 어려운 것이다. 일단 상대방과 협업하기 전에 서로 다르다는 사실을 인식해야 한다. 서로의 의견을 존중하지 않고서는 협업은 이루어지지 않는다.

조직을 관리하다 보면 가장 힘든 것 중의 하나가 부서 간 갈등이다. 적절한 갈등이야 어느 조직에서나 흔히 볼 수 있다. 때로는 갈등 상황이 생산력을 높이기도 한다. 그러나 갈등의 골이 깊으면 엄청난 파장을 몰고 온다.

사회 초년생들이 다니던 직장을 그만두는 이유 중에 가장 큰 원인이 구성원들 간의 갈등이다. 토론 문화가 정착되지 않은 동양권에서는 갈등의 골이 깊어지면 별다른 방법이 없다. 문제가 발생하면 대화나 소통으로 문제를 해결해야 하는데, 서로 자신의 주장만 내세우다 보면 결국 각자의 길로 가는 경우가 너무도 많다. 노사문제는 해결이 간단하지 않다. 그래서 나는 협업을 제안했다. 협업은 서로 다른 부서의 사람들이 아이디어를 내고 공동으로 사업을 구상하는 것이다. 그래서 다른 생각을 공유하고 받아들이지 않으면 사업이 진행되지 않는다.

수영장은 많은 시민들이 이용하는 관계로 매일같이 불평불만이 쏟아진다. 그런데 민원이 들어오면 직원들 간에 책임 소재를 두고 서로 미루는 경향이 있었다. 고객은 시설에 대한 불만을 안내 직원에게 이야기하지, 시설 팀에 직접 불만을 제기하지 않는다. 그래서 나는 여러 부서의 직원들을 한 팀으로 구성하여 수영장 이용 고객의 불만 제로 프로젝트를 제안했다. 이는 각 부서의 직원들이 공동으로 협업하지 않으면 해결할 수 없는 프로젝트였다. 직원들은 어떻게 하면 이용 고객들의 불만을 해소할 수 있을지 같이 고민했고, 그 결과는 성공적이었다. 이용 고객의 불만도 사라졌고, 직원들 간에도 협업을 통해 대화를 나누고 심도 있게 토의하면서 갈등이 사라졌다. 일거양득이었다.

기업에서 직원들에게 아이디어를 내라고 하면 대부분의 직원들은 반응을 보이지 않는다. 그래서 아이디어를 낸 직원에게 해외연수를 보내주고 봉급을 인상해주는 등 아이디어 찾기에 골몰하는 CEO가 많다. 그런데 이런 인센티브나 혜택으로 인해 오히려 직원들 간의 갈등이 더 깊어지곤 한다. 근본적인 해결 방법은 아이디어를 팀 단위로 내도록 하는 것이다. 그러면 구성원끼리 협업하는 동시에 그 혜택도 같이 누리게 되므로 갈등이 사라진다.

온라인 백과사전 위키피디아는 사람들이 지식과 경험을 바탕으로 자유롭게 게재한 글로 구성되고, 네이버 지식in에 누구든 질문을 올리면 그 분야에 정통한 사람이 답변해준다. 물론 100% 정확한 정보가 아닐 때도 많지만, 정보에 목마른 많은 사람들은 이런 정보를 바탕으로 판단을 내린다. 이런 것이 협업의 결과물이다.

《대중의 지혜》를 쓴 제임스 서로위키(James Surowiecki)는 유리병 속 구슬의 숫자를 맞추는 게임에서 주식 투자의 귀재인 전문가와 그렇지 않은 비전문가 여럿이 예측한 결과를 비교 분석했다. 놀랍게도 다수의 비전문가 집단에서 의견을 종합한 결과가 주식 투자의 귀재 혼자 예측한 결과보다 훨씬 정답에 가까웠다. 이 또한 협업의 위대함을 보여주는 예일 것이다.

허리를 굽혀야
황금을 줍는다

"밭밑에 황금이 떨어져 있다"는 화교 속담이 있다. 황금이 하늘에서 뚝 떨어졌다면 어떻게 하겠는가? 당연히 황금을 주울 것이다. 황금을 줍기 위해서는 머리와 허리를 굽혀야 한다. 즉, 자세를 낮추면 누구든 황금을 주울 수 있다. 특히 높은 자리에 있는 사람일수록 허리를 굽히기가 쉽지 않다. 그러나 허리를 굽히면 황금이 들어온다고 생각하라. 오래전에 이 속담을 들은 후로는 현장이나 인간관계에 적용하고 실천했더니 주변 사람들이 좋아했다. 물론 허리를 굽힌다고 돈이 들어오는 것은 아니지만, 돈보다 중요한 인간관계를 얻을 수 있다.

사람들끼리 논쟁을 벌이고 다투는 이유는 대개 자존심 때문에 서로 양보하지 않아서다. 기업의 CEO로서 먼저 허리를 굽히는 태도를 생활화하면 엄청난 황금이 굴러다니는 것을 보게 될 것이다. 그리고 당신에 대한 이미지도 한층 올라갈 것이다. 사람들은 자신에게 잘 대해주는 사람에게 끌린다. 게다가 허리를 굽혀 상대방을 대하는 일은 누구든 노력하면 할 수 있는 일이다.

자존심이 하늘을 찌르는 사람임을 스스로 자랑하는 사람을 만난 적이 있다. 그는 누구한테도 신세를 지지 않으며, 자존심이 허락하지 않는 일은 절대 하지 않는다고 장담했다. 그래도 그 사람 주변에는 사람들이 모이지 않는다. 그러나 훌륭한 CEO의 주변에는 항상 사람들이 몰린다. 그러니 그런 자존심은 내려두자.

노사문제에 대해서는
기다림에 익숙해져라

노사문제는 CEO라면 누구나 고민하는 일이다. 내게도 가장 큰 고민이고 걱정이었다. 80년대식으로 밀어붙일 수도 없고, 그렇다고 노조에 끌려 다닐 수도 없다. 노사 갈등을 잘 해결하면 CEO로서 80% 이상은 성공한 것이나 다름없다고 생각한다. 내 경험상 노사 갈등은 노사 협의 중에 돌발적으로 일어나기도 하고, 서로 화를 참지 못하면 극에 달하기도 한다. 그렇다면 노사 관계를 원만하게 해결하는 방법이 없을까?

우선 CEO는 감정을 조절하는 방법, 즉 '화'를 다스리는 법을 찾아야 한다. 화는 니코틴에 중독되는 것과 비슷해서, 담배를 끊기 위해 금연 패치나 최면술, 전자담배, 기 치료 등 다양한 방법을 동원하지만 실제 성공하는 일은 드물다. 담배가 건강에 해롭다는 사실을 마음에 새기고 담배를 멀리하는 수밖에 없다. 마찬가지로, 화를 내면 건강에 해롭다고 생각하고 화를 내지 않으려고 노력할 수밖에 없다.

화를 잘 내는 사람들은 부모님이 화를 잘 내는 환경에서 자랐거나 화를 내서 득을 보았던 경험이 있는 경우가 많다. 그러나 이런 방식으로 노사문제를 대했다가는 큰 낭패를 볼 수 있다. 어떤 CEO는 화가 나면 술에 의존하여 화를 삭이는데, 화가 날 때마다 술로 해결하다가는 알코올 중독으로 이어지기도 한다. 또 매사 한 치의 오차도 없이 일을 처리하려는 CEO는 그렇지 않은 CEO에 비해 화를 참지 못하기도 한다. 노사문제도 완벽하게 해결하고 싶은데 갈등이 생기면 화가 나는 것이다.

그러나 노사문제에 있어서만큼은 기다림에 익숙해져야 한다. 노사 관계는 평행선을 달릴 수 있고, 서로 교차할 수도 있다. 쉽게 화를 내면 오히려 노사 협상에서 밀리기 쉽다.

자주 화를 내는 CEO라면 화초를 키우는 것도 도움이 된다. 화가 날 때마다 화초에 돌보면서 화를 삭이는 것이다. 나는 작은 물레방아를 책상 위에 두고 물이 흘러가는 소리를 들었다. 화가 머리끝까지 치밀다가도 물레방아 돌아가는 소리를 들으면 마음이 가라앉기도 했다.

노사 갈등은 항상 있는 것이라고 생각하면 마음이 편하다. "내가 CEO로 재직하는 동안에는 절대 노사 관계의 잡음은 없어야 한다. 나는 갈등을 용납하지 않는다"라는 마음가짐으로는 쓰라린 경험을 할 수도 있다.

노사 협상도 심리전이다

노사 협상은 매번 부드럽게 시작하지만 서로 얼굴을 붉히면서 헤어지는 일이 다반사다. 한쪽에서 부드럽게 대화를 시작해도 받아들이는 쪽에서 좋게 받아들이지 않으면 노사 협상은 이미 물 건너간 것이나 다름없다. 노조의 주장을 전부 들어주면 기업의 입장이 어렵고, 사측의 주장을 일방적으로 노조에 적용시키면 노조의 반발이 심할 때가 많다. 양쪽 모두 이익을 거두는 노사 협의는 거의 불가능하다. 그래서 노사 협의에는 시간이 필요하다. 너무 성급한 나머지 감정을 상하게 하거나 상처를 남기면 원만하게 합의하기가 어렵다.

먼저 노사 협상을 할 때는 간절히 바라는 마음이 있어야 결과가 좋다. 늘 하는 일이니 안 되면 그만이라는 식의 마음가짐으로는 좋은 결과를 얻을 수 없다. 간절한 바람이 큰 기적을 일으키곤 하므로, 바라는 내용을 간절히 요구하고 기도하는 마음으로 기대해보라. 노조도 당신이 바라는 대로 방향을 선회할 수도 있다. 물론 한번에 이뤄지지 않으므로 지속적으로 사안의 중요성과 그 효과에 대해 노조를 설득해야 한다.

노사 협상 시 '발 들여놓기(Foot in the Door)' 방법을 활용해보는 것도 좋다. 미국 캘리포니아에서 가정집 100여 곳을 방문하여 사소한 것을 부탁했다. 안전운전에 대한 서명이나 캠페인 스티커 부착 등 어렵지 않은 일이어서 대부분의 가정에서 들어주었다. 2주 후, 다시금 그 가정에 방문하여 앞마당에 안전운전에 대한 입간판을 설치해달라고 부탁했더니 47%의 사람들이 들어주었다. 그러나 사소한 부탁도 들어주지 않은 가정에서는 17%만 동의했다.

이와 마찬가지로, 노사 협의 시 처음부터 무리한 요구를 하기보다는 아주 사소한 항목을 먼저 협상하는 것이 좋다. 노사 합동으로 체육대회를 연다거나, 노사 협의를 월 1회에서 2회로 하는 등 주로 노사가 이견이 없는 주제를 먼저 해결하는 것이다. 그리고 바로 이어서 처음의 주제보다 조금 더 무거운 내용을 토의하면 대부분 긍정적인 분위기로 흘러가 쉽게 결과가 도출되기도 한다.

노사 협의에서
받아치는 대화는 금물이다

우선, 노사가 서로 존중해야 대화가 이루어진다. 공자는 "군자는 서로 다르지만 서로 다름을 인정하고 화합하며, 소인은 서로 같은 듯 무리지어 다니지만 어울리지 못한다"고 했다. 그러므로 서로 소인이 되면 타협이 이루어질 수 없다는 말이다. 서로 다름을 인정하는 것이 무엇보다 중요하다. 바다는 가장 낮은 곳에 위치해 있기 때문에 높은 산에서 흐르는 계곡물을 받아들이듯이, CEO는 모든 것을 품을 수 있는 넓은 가슴을 지니고 있어야 한다. 노사문제로 사장이 퇴임하거나 법원 소송으로까지 번지는 경우가 많은데, 나는 노사 갈등을 해결할 수 있는 대화법을 고민했다.

일단 CEO가 되면 대화 방법을 바꿀 필요가 있다. 상대가 말을 던진다고 해서 바로 받아치는 것은 매우 위험하다. 특히 노조와의 대화는 갈등의 소지가 있으므로, 나는 문제가 발생하면 핵심 주제에 대해 노조 측의 이야기를 듣는 편이었다. 대부분 노사 간 대화는 처음부터 기선을 제압하기 위해 험한 분위기를 연출하기 쉬운데, 받아치는 식의 대화가 이어지면 시간이 흘러도 결론이 나지 않고 더욱 심하게 다툴 수도 있다. 서로 캐치볼하듯 서로의 거리와 힘을 고려하여 대화를 주고받아야 하며, 분위기가 험악해지지 않도록 전환할 필요도 있다.

또한 처음부터 의견을 달리하는 주제를 끄집어내서는 안 된다. 노조 측에서 회사 측에서 제안한 질문이나 제안에 대해 아니오라고 답하면, 이후 협상에서는 처음의 아니오가 계속해서 발목을 잡을 수도 있다. 자존심 때문에라도 처음에 아니라고 한 대답을 그렇다고 바꾸기는 어렵다. 따라서 처음부터 대화의 방향을 어떻게 끌어갈 것인지 고민하고 협상에 들어가야 한다. CEO는 가능한 한 그렇다는 답변이 나올 수 있는 가벼운 주제를 찾고, 분위기를 전환시킬 수 있는 타이밍을 찾아야 한다.

서로 존중하는 대화법은 물론이고 감정적으로 치닫지 않을 주제를 골라 분위기를 이끌어나가는 것은 CEO가 해야 할 몫이다.

협력이 성공의 지름길이다

아프리카의 밀림처럼 사람이 살아남기 어려운 환경에서 혼자 생활하는 경우와 둘이 생활하는 경우, 누가 얼마나 오래 버티는지 실험한 연구가 있다. 혼자서는 동물을 잡거나 열매를 따는 데 한계가 있었지만, 둘이 들어가면 같이 집을 짓기도 하고 협력하여 동물을 잡기도 해서 훨씬 오랫동안 버텼다. 당연한 결과일 것이다. 마찬가지로, 현대 사회라는 경쟁의 밀림에서 살아남으려면 CEO는 혼자 일하려는 습관을 버리고, 간부나 직원과 토론하여 결정하고 함께 일하는 데 익숙해져야 한다.

항우는 힘과 권력에 있어서 유방보다 유리했지만, 결국 유방에게 참패를 당했다. 유방은 장량을 비롯하여 여러 책사들의 말에 항상 귀를 기울이고 전쟁에서 이기면 항상 옆에서 조언을 아끼지 않은 측근의 공으로 돌렸다. 그러나 항우는 자신의 힘만 믿고 책사들의 말은 듣지도 않았다. 그래서 항우는 유방과의 싸움에서 번번이 이기고도 결국에는 패하고 사면초가의 상황에서 스스로 목숨을 끊고 말았으며, 한나라는 초나라를 이기고 천하를 통일할 수 있었던 것이다.

얼룩말은 호랑이나 사자에게 쫓길 때 무리를 지어 도망가는데, 가장 힘이 없는 얼룩말을 가운데에 두고 앞과 옆, 뒤에서 힘이 좋은 얼룩말이 달린다고 한다. 그래서 얼룩말은 호랑이나 사자에 비해 훨씬 수명이 길다. 힘은 세지만 혼자서 사냥하고 살아가는 맹수보다 서로 돕기 때문에 더 오래 살 수 있는 것이다.

CEO는 협력을 최우선 과제로 두고 직원들이 서로 돕고 이끌어주는 데 익숙해지도록 지속적으로 교육해야 한다. 그리고 협력을 통해 얻은 성과에 더 큰 박수를 보내고 협력을 강조할 필요가 있다. A팀에는 팀 성과급 100달러를 지급하고 B팀에는 팀 성과급 50달러에 개인 성과급 50달러를 준다고 하면, 어느 팀이 더 성과가 좋고 팀원 간의 팀워크가 잘 이루어질까? B팀이라고 답하는 CEO는 개인의 성과급에 크게 의존하는 사람이다. 그러나 실제로는 B팀에 속한 팀원들의 만족도가 A팀보다 훨씬 낮았다고 한다. 그러므로 팀의 협력을 중요시한다면 팀으로 일하여 거둔 성과에 대한 보상을 어떻게 분배하는 것이 옳은지 판단해야 한다. 맹자는 "천시불여지리, 지리불여인화(天時不如地利 地利不如人和)"라고 했는데, 하늘의 때는 땅의 이익만 못하고 땅의 이익은 인간의 화합만 못하다는 뜻이다.

CEO로서 성공하려면 조직의 팀원 모두가 만족하도록 리더십을 길러주어야 한다. 조직원 한 사람의 탁월한 실력과 리더십에 의존할 것이 아니라, 팀워크를 잘 이루게 하는 팀장에게 박수를 보내고 그런 팀장이 다른 팀과 협력하도록 지원해야 한다. 협력하는 직원들이 많아야 기업이 성공한다는 사실을 잊지 말자.

일을 혼자서 전부 하거나,
일을 하면서 모든 공로를 독차지하려는 사람은
아무도 리더로 여기지 않는다.
– 앤드류 카네기

스트레스는
마음먹기에 달려 있다

CEO로서 가장 힘든 것 중의 하나가 스트레스다. 끊임없이 일어나는 크고 작은 사건과 과다한 업무로 인한 스트레스는 생명을 위협하기도 한다. 스트레스로 인한 극단적인 선택으로 목숨을 끊는 사람도 있다. 스트레스를 받지 않고 모든 일을 잘 진행해나간다면 좋겠지만, 현실은 그렇지 않다.

토머스 홈스(Thomas Holmes)의 연구팀은 개인의 스트레스 정도를 측정하고, 각 사안마다 받는 스트레스의 강도를 매겨 연구한 적이 있다. 배우자의 사망으로 인한 스트레스가 가장 높았고, 이혼, 별거 등의 순이었다. 또한 일로 인한 스트레스도 높은 순위에 해당했다. 문제는 누구에게나 발생하기 쉬운 스트레스가 닥쳤을 때 이를 어떻게 극복하느냐 하는 것이다. 하찮은 스트레스라도 마음 자세에 따라 훨씬 더 강도가 높거나 낮게 나타날 수 있다.

그렇다면 스트레스를 날려버릴 수 있는 방법은 없을까? 스트레스에 잘 대처하는 사람들은 가벼운 취미를 통해 스트레스를 날린다. 주변에 친한 친구가 있어서 자주 상담하고, 긍정적으로 타협하는 데 익숙하며, 상황에 따라서는 명상을 통해 스트레스를 해소한다. 또한 과감하게 정면 승부하여 스트레스를 다스리기도 한다.

일단 스트레스를 받게 되면 뇌는 피곤해진다. 생활하면서 받는 여러 가지 자극으로 뇌세포에 혼란이 발생할 수 있고, 뇌에도 커다란 악영향을 미치게 된다. 뇌를 피곤하지 않게 하려면 어쩌다 발생한 사건이나 체험한 일에 대해서는 민감하게 반응할 것이 아니라 흥미롭게 받아들여야 한다. 그러나 걱정하지 않아야 할 일도 걱정하는 경우를 종종 본다. 내가 아는 사람은 등산을 가면 뱀에 물릴까 걱정이고, 하늘에서 벼락이 치면 벼락이 자신에게 떨어질지 모른다며 불안해한다. 일상생활에서 발생하는 크고 작은 것을 항상 걱정하고, 만나는 사람마다 걱정거리에 대해 늘어놓고 그 해결책을 찾으려고 노력한다. 그러다 보니 머리가 항상 아프고 머릿속이 걱정과 불안으로 꽉 차 있다.

언제나 웃는 일만 있는 것도 아니고, 언제나 우는 날만 있는 것도 아니라는 사실을 받아들여라. 어쩌다 마주치거나 체험한 일은 재미있게 받아들이면 된다. 스트레스는 마음먹기에 따라 줄일 수 있다. 매사를 대범하게 생각하고 긍정적인 마음으로 받아들이는 습관이 중요하다. 하늘에서 벼락이 내리쳐도 나는 절대 벼락을 맞지 않을 것이며,

등산을 가도 절대 뱀이 달려들어 물지 않을 것이라고 믿어라. 모든 것은 내가 마음먹기에 달려 있다. 오늘 하루도 재미있었다고 생각하고, 내일 일은 너무 걱정하지 말라. 겸허히 받아들이고 걱정을 버려라. 항상 모든 일을 긍정적인 마음가짐으로 대하라. 불안한 상황이 오더라도 결국 좋은 결과로 끝날 것이라고 생각하라.

평생 하루도 일을 하지 않았다.
그것은 모두 재밌는 놀이였다.
- 토머스 에디슨

2부

리더십

7장

훌륭한
리더십이란

경쟁이 최선은 아니다

'분조위마'라는 책략이 있다. 말은 먹이를 따로 주어 키워야 한다는 뜻이다. 옛날에 한 농부가 두 마리의 훌륭한 말을 키워 장터에 팔아 돈을 벌어보려 했다. 그런데 어찌 된 영문인지 말이 어렸을 때는 잘 먹고 잘 자라 튼튼하더니, 점점 커가면서는 먹이를 먹지 않고 몸도 말라비틀어져서 도저히 팔 수 없는 상황이 되었다. 농부는 그 원인이 무엇인지, 말 사육 전문가를 찾아가 물어보았다. 그러자 전문가는 이렇게 말했다.

"말의 종자는 천리마가 분명합니다. 그러나 이런 훌륭한 말은 각각의 성질이 사나워서 절대 두 마리를 한곳에 가두어놓고 먹이를 주어서는 안 됩니다. 따로 마구간을 만들어 먹이를 따로 줘야 합니다."

이 말을 듣고 난 후 농부는 집에 돌아가 전문가의 말대로 마구간을 따로 만들고 먹이를 따로 주었다. 얼마 되지 않아 말은 생기가 돌고 점점 강해지며 살도 쪄서 곧 장터에서 비싼 값에 말을 팔 수 있었다.

말을 팔아 많은 이윤을 남기자, 농부는 동물을 키우는 데 재미를 붙였다. 이번에는 돼지를 키워 팔면 돈을 더 벌 것 같다는 생각이 들었다. 그래서 새끼돼지를 여러 마리 사들여서 말을 사육하듯 한 마리씩 별도의 돼지우리를 만들어 키웠다. 그러나 돼지는 살이 찌기는커녕 먹이조차 먹지 않았다. 곧 전문가를 찾아가 물어보았더니 "돼지는 절대 따로 키우면 안 됩니다. 여러 마리 돼지를 한 공간에서 키워야 합니다. 먹이를 서로 차지하기 위해 싸워가면서 먹기 때문에 혼자 있을 때보다 먹성이 훨씬 강해집니다. 돼지는 말과 키우는 방법이 정반대입니다"라고 대답했다.

농부는 돼지를 한 우리에 몰아놓고 밥을 주었고, 곧 전문가의 말대로 먹이를 차지하기 위해 싸우며 먹었다. 얼마 지나지 않아 돼지들은 한 마리씩 키울 때보다 훨씬 더 살이 찌고 튼튼해져 큰 돼지가 되었고, 농부는 돼지를 팔아 큰돈을 벌게 되었다.

이 이야기에서 배울 점이 있다. 대부분의 CEO는 실력이 뛰어난 두 사람을 같은 부서에서 근무시켜 서로 경쟁을 유도하면 원하는 목적을 달성할 수 있다고 생각한다. 그러나 직원을 배치하는 것은 그렇게 간단한 문제가 아니다. 또한 어떤 원칙이 있는 것도 아니어서, 상황에 맞추어 CEO가 판단해야 하는 것이다. 경쟁 구도는 조직을 활성화하는 차원에서 도움이 될 수 있지만, 우위를 차지하기 위해 불필요한 경쟁을 벌여 지나친 경쟁 구도로 몰아갈 수도 있다. 이로 인한 피해는 고스란히 CEO와 기업으로 돌아간다.

기업에서 훌륭한 두 직원이 선의의 경쟁을 하면서 일한다면 물론 뛰어난 성과를 거둘 것이다. 그러나 경쟁으로 오히려 서로에게 큰 상처를 남기는 경우도 종종 있다. 이때 CEO의 조직관리 능력이 요구된다. 직원들 각각의 개성을 존중하고 특성을 파악해서 일을 맡기는 것은 CEO가 해야 할 가장 중요한 업무다. 자신이 데리고 있는 직원들을 일부러 경쟁시키는 CEO도 많은데, 내 경험상 결코 좋은 방법이 아니다.

말과 돼지가 잘 자라는 환경이 전혀 다르듯, 사람도 성장하는 환경이 다르다. 그러므로 각각의 특성을 파악할 필요가 있다. 뛰어난 실적을 자랑하는 두 직원을 배치시키는 데는 CEO의 명석한 판단이 무엇보다 중요하다. 경쟁을 시키는 것이 좋을 수도 있지만, 그렇지 않은 경우도 많다는 것을 잊지 않아야 한다.

리더만큼이나
2인자가 중요하다

리더가 조직을 이끌어가는 데 가장 중요한 것 중의 하나는 2인자를 얼마나 잘 관리하느냐에 달려 있다. 2인자의 역할 중 가장 중요한 것은 실무에 대한 능력과 순발력이다.

성공한 리더와 실패한 리더를 살펴보면, 성공한 리더는 2인자가 뛰어난 지혜와 지략을 갖추고 있다. 그러나 실패한 리더는 2인자가 무능하다. 아무리 능력과 실력을 갖춘 리더라도 2인자의 역할을 하는 사람을 잘못 두는 순간, 이미 그 조직에는 문제가 생긴다. 물론 리더와 2인자 모두가 뛰어난 지혜와 지략을 갖추고 있다면 두말할 것도 없다. 그런데 사람은 서로 다른 성격에 끌리는 경우가 많다. 그래서인지 이성이 서로 다른 성격끼리 끌리듯, 리더는 자신과 다른 2인자에게 끌리곤 한다.

이성계와 정도전은 무인과 문인이었다. 조선왕조를 세우기 위해 두 사람이 머리를 맞대고 뜻을 같이했지만, 결국 얼마 못 가 정도전은 죽음을 맞이했다. 이성계는 왕의 자리를 오래 유지하지 못한데다 자식 간에 싸움까지 일어났다. 그렇게 보면 정도전이 2인자로서 역할을 훌륭히 해냈다고 보기가 어렵다. 유비에게 제갈공명의 지혜가 없었다면 성공할 수 있었을까? 태조 이방원 역시 부인의 역할이 중요했다. 수양대군 역시 한명회라는 2인자 덕분에 승승장구했다. 물론 보는 사람의 관점에 따라 성공과 실패를 달리 해석할 수 있겠지만, 2인자의 역할에 따라 흥하고 망하는 것을 역사에서도 흔히 살펴볼 수 있다.

리더가 어떻게 2인자와 호흡을 잘 맞추느냐에 따라 조직관리의 성패가 갈린다. 리더가 모든 조직 구성원을 잘 관리하기가 어렵기 때문이다. 에스키모인들은 썰매를 끄는 모든 개를 주인 혼자 관리하지 않는다. 한 마리의 우수한 개가 전체의 썰매개를 리드해서 달리므로, 주인은 리더인 개만 집중적으로 관리하면 나머지 수십 마리가 그 개를 따른다. 조직도 마찬가지다. 핵심적인 2인자를 어떻게 관리하느냐에 따라 조직이 성공할 수도, 실패할 수도 있다.

그러나 중요한 것은 리더와 2인자가 함께 지혜를 모아야 한다는 점이다. 성공한 리더는 2인자와 중요 사항을 결정할 때 2인자에게 파격적인 권한을 부여해 조직에서 핵심적인 역할을 하도록 한다. 물론 2인자에게 힘을 실어주다 보면 주변 그룹에서 2인자를 견제할 것이고, 2인자가 자칫 실수라도 저지르면 조직이 가차 없이 무너질 수 있다. 그러므로 2인자를 어느 선까지 개입시킬지 결정하는 데는 리더의 현명함이 필요하다. 아무리 2인자의 역할이 중요해도, 결국 가장 중요한 결정은 리더가 내려야 한다.

확실한 권력과 권한을 갖고 조직을 관리하기 위해 리더는 전체 조직의 틀 안에서 2인자의 위치와 능력 등을 심도 있게 관찰해야 한다. 그리고 2인자에게 가장 중요한 능력은 조직의 모든 구성원들과 얼마나 잘 소통하는가 하는 것이다.

한때 최고의 권력과 권한을 행사한 차지철 대통령 경호실장은 리더에게만 충성했다. 그래서 조직의 구성원들로부터는 전혀 호응을 얻지 못했다. 조직의 하부 그룹에서 호응을 얻지 못하면 얼마 못 가서 조직은 무너진다. 이런 유형의 2인자는 리더를 위한 일은 잘 해낼지는 몰라도 진정한 우군이 없다. 일시적으로는 조직을 잘 다스리는 것처럼 보일지 모르지만, 아주 큰 착각이다.

문제는 이런 유형의 2인자에 대해 리더가 관대할 경우 하부에서 올라오는 조직의 정보를 2인자가 차단하면서 발생한다. 게다가 리더는 2인자를 견제하기 위해 또 다른 2인자와 소통과 협력을 이어가면서 기존의 2인자와 경쟁시키곤 한다. 기존의 2인자의 권한이 너무 막강해졌다고 생각하기 때문이다. 그러나 새로운 2인자와 업무를 추진하면서 갈등이 유발될 수 있고, 기존의 2인자는 리더에 대한 신뢰가 무너질 것이다. 자칫 견제를 위해 고안해낸 방법이 오히려 역효과를 불러일으킬 수 있다.

그러므로 견제 세력을 구축하는 것보다는 처음부터 소통과 화합,

겸손의 지혜를 갖춘 2인자를 발탁해야 한다. 물론 이런 2인자를 찾는 것이 결코 쉬운 일은 아니다. 일을 확실하게 추진할 만한 2인자를 금방 찾지 못했다고 해서 실망할 필요는 없다. 천천히 조직을 관리하면서 살펴봐도 결코 늦지 않다. 사람의 능력은 단시간에 파악할 수 없기 때문에, 시간을 두고 일을 수행하는 능력 등을 종합적으로 판단해서 리더를 제대로 보좌할 사람을 찾아야 한다.

또한 리더는 조직의 구성원과 가능한 한 수시로 접촉하면서 현재의 상황을 정확하게 인지해야 한다. 그리고 2인자에게도 반대 입장에 있는 구성원들과 수시로 소통하게 해야 한다. 한편 리더는 조직 구성원들이 서로 소통하도록 설득해야 한다. 나는 전 직원뿐 아니라 팀장급 직원들에게 '조직의 협치, 협력을 위한 방안-중간 리더의 역할'이라는 주제로 강의를 하곤 했다. 그렇게 조직원 모두가 합심하는 조직으로 키워나가야 한다. 무엇보다 조직을 관리하는 가장 좋은 방법은 조직 구성원 모두가 소통하여 리더의 방식을 받아들이는 것이다.

편견 없고 부드러운
리더의 자질

CEO로서 갖추어야 할 덕목 중 하나를 꼽으라고 하면 재미있고 기분 좋게 대화하는 능력이다. 물론 직원들이 이런 리더에게는 카리스마가 부족하다고 생각할 수도 있다. 그러나 중국의 옛 격언에 "부드러움이 강함을 이긴다"라는 말이 있듯이, CEO가 강한 모습을 보여준다고 해서 직원들이 무조건 믿고 따를 거라는 생각은 착각이다. 신경질을 내거나 화를 내면서 공포심을 심어주면 금방 일이 해결될 것 같지만, 직원들은 전혀 다르게 받아들일 수 있다.

그렇다면 직원들을 기분 좋게 하는 대화법은 없을까? 평소 직원들과 대화를 부드럽게 나누고 직원들과 좋은 유대 관계를 맺으면 된다. 직원이 어려울 때 도와주되, 의례적인 태도로 대해서는 좋은 관계를 유지할 수 없다. 부모님 상을 당했거나 집안에 문제가 생기는 등 일상적인 일부터 회사 업무까지 두루 살펴야 한다.

그리고 감사 표현에 인색하지 말아야 한다. 직원들에게 "열심히 일해주어 고맙습니다", "항상 여러분들에게 신세를 지고 있습니다"라는 표현을 수시로 해야 한다. 또한 직원들이 잘못했을 때는 그에 따른 책임을 지게 해야 하지만, 일하는 과정에서 발생한 실수나 과오를 지적하면서 마음 상하지 않도록 할 필요가 있다. 설득의 달인이라고 하는 소크라테스는 상대방의 잘못을 지적하는 말을 절대 하지 않았으며, 상대방이 스스로 인정하도록 대화를 유도했다. 그러므로 직원들의 잘못을 지적할 때 직원 스스로가 뉘우치도록 대화하는 기법이 CEO에게 필요한 것이다.

직원들은 항상 리더를 평가한다. 말뿐 아니라 리더의 표정, 태도 등에 따라 직원들의 기분이 좌우되기도 한다. 메라비언의 법칙에 따르면, 태도와 표정 59%, 소리 38%, 말 7%로 감정이 전달된다고 한다. 그러므로 태도와 표정은 말보다 더 중요하다. 거울을 보면서 웃는 연습을 하라는 이유가 그래서다. 나는 인상을 부드럽게 하기 위해 매일 거울 앞에서 몇 분간 웃는 얼굴을 연습한 후 출근한다. 시간 날 때마다 표정 연습도 한다.

또한 직원들은 리더가 편견을 갖는 것을 싫어한다. 직원에 대한 고정관념은 리더에게도 마이너스가 된다. 업무 능력이 다소 떨어지는 직원이라도 팀에서 도와 열심히 하도록 힘을 실어주어야 한다.

한 직원이 여러 가지 사정으로 인해 술을 마시고 지각하거나 회사

내규를 위반해 처벌을 받고도 술 마시는 습관을 극복하지 못한 적이 있다. 그래서 그 직원을 불러 살아온 이야기를 나누며 한 달에 걸쳐 진지한 대화를 나눈 결과 공감대를 형성했다. 그 후 그 직원은 매우 열심히 일했으며, 나를 형님처럼 따랐다. 직원의 능력과 성격, 상황은 천차만별이므로, 직원들을 능력 위주로만 대하면 오히려 문제가 생기기도 한다.

미식축구의 영웅 홀츠 감독은 노트르담 팀을 지도하면서 10연승을 거두어 미국인들을 놀라게 했다. 1988년에는 전승을 이루기도 했다. 홀츠 감독은 "선수들에게 제가 지시한 것을 따르라고 말하기 전에 선수들이 나를 믿고 있는지, 내 능력은 뛰어난지, 내가 선수들을 제대로 챙기고 있는지, 3가지를 스스로에게 질문한다"라고 말했다.

그러나 대부분의 CEO는 자신을 평가하는 데는 인색하다. 훌륭한 CEO가 되고 싶다면 항상 스스로 평가하는 데 관심을 갖고 주변을 돌아봐야 한다.

정의에 입각한
사심 없는 마음

"세상사람 중에 형제가 화목치 않은 것을 보면 대부분 부잣집에서 그러하다. 이는 재물이 있으면 다투는 마음이 생겨 천륜을 상하게 하니 재물이 그 빌미가 되는 것이다. 자손들은 절대로 옳지 못한 재물을 모으지 말고 어질지 못한 부를 경영하지 말아야 한다. 다만 농사에 힘써 굶어 죽는 것을 면하면 된다."

조선시대를 통틀어 청렴하기로 명성이 높은 이원익이 자손들에게 남긴 유서의 일부분이다. 이원익은 5차례나 영의정에 자리에 올랐으면서도 부정한 부를 축적하거나 옳지 못한 사건에 개입한 적이 없었다. 임금 곁에 설 만큼 높은 자리에 올랐으므로 얼마든지 마음만 먹으면 부를 쌓을 수 있었지만, 재물에는 전혀 관심을 두지 않았다. 나중에 관직에서 물러나 집으로 돌아간 뒤에도 초라한 초가집에서 농사를 지으며 돗자리를 만들어 생계를 유지했다고 하니, 얼마나 청렴한 인물인지 짐작할 만하다.

민간 기업이든 공기업이든 CEO는 청렴과 관련되어 이런저런 말이 오가는 자리다. 일도 열심히 하고 업무 수행 능력이 아주 뛰어난 CEO가 갑자기 뇌물에 연루되어 구속되었다는 뉴스를 흔히 볼 수 있다. 심지어는 목숨을 버리는 경우도 있다. CEO는 인사나 뇌물 청탁 등이 말할 수 없을 만큼 많이 들어오는 자리다. 한순간 방심하거나 욕심을 부리면 여태껏 열심히 살아온 인생이 하루아침에 바닥에 떨어진다. 평소에 훌륭한 사람인데 어찌 된 일인지 이해가 가지 않는다는 평가를 받는 경우도 있다. 항상 주변에 유혹의 손길이 있어서 한순간 눈이 멀면 잘못된 행동을 저지르기 쉬운 위치이기 때문이다.

능력이 뛰어난 것과 청렴한 것은 전혀 다른 자질이며, 훌륭한 CEO는 업무 능력만큼이나 청렴함도 중요하다. 청렴함을 유지하려면 매일 스스로를 돌아보는 마음가짐을 가져야 한다. 리더가 흔들리면 주변도 흔들리므로, 조직의 투명성과 공정성이 문제가 된다. 그렇다면 리더가 청렴해지려면 어떠한 노력을 기울여야 할까? 스스로 다짐하고 실천하는 행동 강령을 만들고 묻고 답해야 한다. 나는 아침마다 다른 직원들보다 일찍 출근해서 다음과 같은 사항을 묻고 답했다.

－ 나는 오늘도 청렴을 생활화하고 있는가?
－ 나는 오늘도 누군가로부터 부당한 청탁을 요구받거나 요구하지는 않는가?

– 나는 일하면서 청렴을 최우선으로 일하고 있는가?

– 나는 CEO로서 청렴의 중요성을 직원들에게 인지를 시키고 있는가?

이러한 항목을 매일 묻고 다짐하며 근무에 임하도록 했다. 한순간의 과오나 실수는 저지를 수 있다고 믿는 순간, 이미 청렴하지 않다는 말이 된다. 일을 진행하는 데는 실수를 저지를 수도 있다. 그러나 청렴에 대해서는 한순간의 방심과 실수가 돌이킬 수 없는 결과를 낳는다. 청탁을 주고받는 그 순간부터, 불안함에 어떤 일을 해도 집중할수 없다.

일본 경영의 신으로 불리는 마쓰시타 고노스케는 "경영자, 책임자는 지식이나 수완도 중요하지만, 정의에 입각한 사심 없는 마음이 더 중요하다"라고 했다. 높은 인격도 경영 능력 중 하나인 셈이다.

가끔은 혁신을 추구하다 실수할 수 있다.
이를 빨리 인정하고 또 다른
혁신으로 개선해나가는 것이 최선이다.
– 스티브 잡스

울지 않는 두견새를
어떻게 울게 할까?

....

    대한민국 월드컵 4강의 신화를 이룬 히딩크. 한국의 축구가 세계 최강에 오른 것이 단순히 우연의 결과가 아니라는 사실은 여러 매체에서 보도된 적이 있다. 그가 한국 국가대표팀 감독을 맡기 전까지 한국의 월드컵 성적은 형편없었다. 그렇다면 어떻게 선수들을 지도했기에 4강이 가능했을까? 기업을 운영하는 리더라면 히딩크 리더십을 살펴볼 필요가 있다. 물론 축구와 기업은 다르지만, 어느 정도 일맥상통하는 부분도 있기 때문이다. 히딩크는 철저하게 선수 개개인의 기량과 체력, 훈련 등을 종합적으로 관리했는데, 특히 몇 가지의 기법은 기업에도 적용할 수 있다.

    그는 감으로 선수를 지도하지 않았다. 철저하게 데이터를 기준으로 선수들의 역량을 평가하고 지도했다. 특히 체력을 강조했는데, 유럽의 강호들과 경기를 하려면 첫째도 체력, 둘째도 체력이라고 생각했기 때문이다. 그래서 기준에 미치지 못하는 선수들은 과감히 퇴출시켰다. 이미 스타의 대열에 들어 모르는 사람이 없을 정도로 기량이 뛰어난 선수여도 히딩크가 정한 연습 규칙을 지키지 않으면 탈락시켰다. 즉, 원칙을 중요시한 것이다. 그리고 경기를 할 때마다 꼭 승리하고 돌아오라고 하기보다는 "경기를 마음껏 즐기면서 시합하라"고 격려하여 마음껏 기량을 펼치도록 했다.

또 훈련이 끝난 후 휴식 시간이나 잠자는 시간에는 후배와 선배를 한 방에 투숙시키지 않았다. 후배가 선배의 심부름을 하는 경우가 많았기 때문이다. 그래서 선배와 후배가 각자 방을 사용하게 하여 선수의 휴식 시간을 보장해준 것이다.

히딩크의 리더십 가운데 과연 어떤 방법을 도입하는 것이 좋을까? 우선 원칙을 준수하는 일이다. 큰 조직이든 작은 조직이든 CEO의 입장에서 직원들에게 상벌을 적용하는 일이 가장 어렵다. 업무 실적이나 능력으로 보아 제제를 가하기가 그리 쉽지 않지만, 조직 관리 차원에서는 원칙을 적용하는 것이 아주 중요하다.

한번은 일도 잘하고 업무 능력도 뛰어난 직원이 사소한 문제로 동료 직원과 다투어 상대 직원에게 약간의 상해를 입힌 적이 있었다. 그래서 가차 없이 내규를 적용해 벌을 주었다. 조직의 활성화를 위해서는 원칙이라는 틀에 의해 움직여야 나머지도 잘 굴러간다. 나는 어떠한 경우라도 사규를 위반하거나 임직원으로서 지켜야 할 각종 내규를 위반하면 누구든 예외를 두지 않았다.

공기업을 운영하면서 직원들을 크게 나무라거나 질책하는 경우가 종종 있었다. 사실 개인적으로는 하기 싫은 일이다. 좋은 게 좋은 거라며 그냥 지나칠 수도 있었다. 그러나 국가 기업을 운영한다면 공적인 일을 하는 것이기 때문에 CEO가 사적인 감정에 얽매여서는 안 된다. 지적할 일을 지적하고 시정하게끔 강력하게 조치를 취해야 한다. 그래야 공기업의 CEO 역할을 제대로 수행할 수 있다.

CEO가 일을 하는 데는 타이밍이 중요하다. 결정을 내려야 할 때 미루는 CEO가 있는가 하면 처음부터 결정에 따른 여러 가지 복잡함 때문에 미루는 CEO가 있다. 그러나 무엇보다 중요한 것은 잘못이 발생한 시점에 즉시 수정하고 시정하려는 태도다.

한때 일본을 지배했던 오다 노부나가, 도요토미 히데요시, 도쿠가와 이에야스에게 "울지 않는 두견새를 어떻게 울게 할 것인가?"라고 물어본다면 어떻게 할까? 오다 노부나가의 경우 울지 않는 두견새는 쓸모없으니 죽일 테고, 도요토미 히데요시는 울 때까지 두견새를 때릴 것이며, 도쿠가와 이에야스는 울 때까지 기다릴 것이다.

일본을 통일한 오다 노부나가는 적진을 향할 때 항상 제일 선봉에 서서 위험을 무릅쓰고 싸웠다고 한다. 이를 지켜본 부하들은 오다 노부나가의 용감한 모습에 감동을 받아 적을 물리쳤다. 기업의 CEO라면 당연히 선두에서 앞장서야 하지만, 과연 기다리지 않고 즉석에서 문제를 해결하는 것만이 훌륭한 리더인지는 고민해볼 필요가 있다.

트렌드를 읽어라

트렌드는 예견 가능한 미래의 추세를 말한다. 조선시대에 전쟁을 예견하여 10만 양병설을 제기한 이이의 제의를 받아들였다면 임진왜란과 같은 난리는 겪지 않았을 것이다. 역사적으로 볼 때 훌륭한 CEO는 예견력이 뛰어났다. 스티브 잡스, 빌 게이츠 등 이름난 기업가 또는 대통령 모두 미래의 추세를 관망하는 예견력, 인지력이 뛰어났기에 성공한 것이다.

CEO로서 매일, 매주, 매월의 임직원 회의에서 미래의 트렌드를 얼마나 정확히 예측하고 소통하는가? 트렌드를 설명하고 직원들에게 인지시키는 일은 상식적인 차원에서 주변에서 들은 이야기만 가지고는 힘들다. 그러므로 트렌드를 읽는 힘이 대단하다는 호평을 듣는

CEO라면 성공할 것이다.

나는 모든 일에 우선하여 트렌드에 관심을 갖고 관련 정보를 습득하는 데 노력과 시간을 아끼지 않았다. 아무리 바빠도 새벽 5시에는 일어나서 인터넷을 통해 최근 소식을 접하고, 내가 근무하는 시설 공단의 소식, 전국 시설 관련 공단의 소식, 환경 공단 소식 등 관련 기관의 뉴스를 먼저 검색했다. 그리고 오전 9시 회의에 대비해서 오늘은 어떤 트렌드에 대해 이야기할지 고민하고, 아침에 검색한 정보를 정리하여 연습한 후 출근했다. 물론 출근하는 차 안에서도 오늘의 트렌드를 재정리한 후 다시 검토했다. 훌륭한 CEO는 트렌드를 예견할 수 있는 정보를 얼마나 많이 가지고 있느냐에 따라 그 성공의 정도를 가늠할 수 있다고 생각한다. 그래서 무엇이 미래의 중심이 될지 늘 고민한다.

평소 알고 지내는 중견 기업 CEO가 있는데, 국방 관련 사업의 아이템을 찾는 데 매우 열정적이었다. 자신의 분야에 대해서만큼은 자타가 인정할 정도로 박식했다. 국내뿐만 아니라 국외의 국방 관련 정보력은 실로 대단한데, 그 역시 많은 정보를 얻고자 엄청난 시간을 투자했다고 한다.

새로운 트렌드로 성공한 예로는 도브(Dove)의 리얼 뷰티 캠페인(real beauty campaign)을 들 수 있다. 화장품 모델은 아름답고 예쁜 여성만이 가능하다는 고정관념을 깨고 새로운 트렌드를 설정한 것이다. 여성이라면 화장을 하고 아름다워 보이길 원한다는 점에 주목하고 오히려 평범한 여성을 모델로 삼았다. 이처럼 새로운 트렌드를 만들어내기 위해서는 기존의 방식을 과감히 탈피하는 역발상이 필요하다. 물론 많은 고민과 생각, 아이디어가 필요할 것이다.

그러므로 훌륭한 CEO가 되려면 트렌드에 관한 지식으로 무장해야 한다. 무엇보다 독서하지 않고 공부하지 않는 CEO는 결코 오래가지 못한다. 일만 해도 시간이 없고 바쁜 것은 사실이다. 매일 사람을 만나고 회의도 해야 한다. 그러나 4차 산업혁명을 맞이하여 세상은 급변하고 있고, 지금 사용하는 물건, 일자리 등은 곧 사라질지도 모른다. 따라서 이에 어떻게 대비해야 할지 고민하지 않을 수 없다.

과거에는 그저 일만 열심히 하고 한 분야에서 오랫동안 일하다 보면 그 분야의 대가, 달인, 장인, 전문가 등으로 인정받고 여기저기에서 스카우트 제의를 받았다. 앞으로는 이런 전문가, 달인이 필요 없어질지도 모른다. 그리고 이런 지식을 혼자만 알고 있을 것이 아니라 임직원들과 공유해야 한다. 그래야 임직원들에게 인정받는 CEO가 될 수 있다.

지역 포럼에 참여하라

4차 산업혁명이 다가오고, 경제가 어려우며, 청년실업이 심각하다. 전체적으로 사회 분위기가 어수선하다. 이럴수록 기업의 CEO는 더욱 적극적으로 각종 포럼 등에 참가하여 세계 경제 동향이나 국내의 경제 수치 등에 관한 지식을 쌓아야 한다. 그러나 바쁜 일정 때문에 공부하기가 만만치 않다. 그렇다면 근무하고 있는 지역에서 어느 정도 수준이 높은 분야별 포럼에 참가하여 수업을 들을 필요가 있다. 나는 매주 금요일 아침 6~8시에 대전세종충청 경제인 포럼에서 실시하는 강좌에 출석한다. 뿐만 아니라 문화, 안보 등과 관련한 강의 포럼에 참석하기도 한다. CEO가 되기 전부터 이런 경제인 포럼에 참석하거나 아침 이른 시간대에 국내외 저명 경제인의 경제 강의를 들어왔다. 최근의 경제 동향을 남보다 빠르게 습득할 수 있는 좋은 기회라, 특별한 사유가 없는 한 빠짐없이 참여했다.

아침 일찍 일어나야 하는 것은 힘들지만, 지역의 문화, 체육, 안보, 경제 관련 전문인들과 같이 어울리며 현재의 상황을 나눌 수 있기 때문에 무엇보다 도움이 되었다. 이들과 정보를 공유하면서 운영에 따른 자문을 받기도 했다. 시설 공단은 공기업이라 민간 기업과는 다르지만 민간 기업 차원에서 운영하는 좋은 경영 매뉴얼을 소개받기도 하고, 좋은 경영 방안을 지역의 경제인들로부터 듣고 도입하기도 했다.

또한 이들과 같이 해외연수를 나가면 현지에서 배우는 점이 한두 가지가 아니다. 그래서 공단에서도 우수한 직원을 선발하여 해외 견학을 시킴으로써 좋은 경영 기법을 배우도록 했다. 실리콘밸리나 구글 등에 기업인들과 같이 견학하고 묻고 질문하는 과정에서 공단의 운영에 새로운 경영 방식을 도입할 수 있었다. 일본의 MK 택시를 방문한 후에는 MK 택시에서 행하고 있는 굿 서비스를 공단에 적용하면 좋을 것 같았다. 그래서 이를 벤치마킹하여 전국 대상의 공단 시설 만족도 조사에서 1등을 하기도 했다.

견학은 살아 있는 공부다. 직원들과 함께 가는 것도 좋지만, 경제인들과 동행하면 다른 시각에서 바라볼 수 있기 때문에 여러 가지를 배울 수 있다. 가능하면 CEO 혼자서 지역 포럼에 참석할 것이 아니라 기획부장이나 총무부장과 함께 듣는다면 더없이 좋을 것이다. 나도 홍보부장과 함께 수강한 후 공단의 발전 방향에 대해 심도 있게 논의하곤 했다.

CEO로 근무하는 곳의 규모가 크든 작든 항상 다른 곳에서 배워서 경영에 도입할 부분이 없는지 관심을 두고 일을 추진해야 한다. 혼자만의 노력으로 될 것이 있고 불가능한 것이 있다. 그러므로 지역에서 개최되는 지역 포럼에 참가하여 지식도 쌓고 경제인들과 교류하며 해외 선진국의 좋은 아이템도 찾으며 지역의 오피니언 리더들과 소통한다면 더욱 훌륭한 CEO가 될 것이다.

> 경쟁 우위가 없다면 경쟁하지 말라.
> – 잭 웰치

VOC에 귀를 기울여라

VOC는 Voice of Customer의 약자로 고객의 소리에 귀를 기울이라는 뜻이다. 요즘은 병원에서도 환자를 고객으로 인식하고, 대학도 학생을 고객으로 받아들이려 노력한다. 불황이 더해가면서 종전의 방법으로는 고객을 유치하는 데 한계가 있기 때문이다. 대학 인구가 급격히 줄어들면서 학생을 모셔 가야 하고, 병원 수가 늘어나다 보니 환자 모시기가 하늘의 별 따기만큼이나 어렵다. 이러한 어려움을 극복하기 위해서는 무엇보다도 고객의 소리를 제대로 듣고 문제점을 해결할 필요가 있다.

내가 CEO로 있던 시설 관리 공단은 체육 시설과 복지 시설, 환경 시설, 기반 시설 등 시민들이 이용하는 곳이 대부분이다. 매일 공단의 시설을 찾는 시민들이 바로 고객인 셈이다. 이들은 만족스럽지 않은 부분에 대해 각종 불평불만을 제기한다. 그래서 매일 시민들과 직접적으로 접촉하는 서비스 접점에 있는 직원들은 다른 직원들에 비해 훨씬 힘들다.

공단에서는 고객의 소리에 귀를 기울이기 위해 공단의 홈페이지에 시설 이용 시 불편불만 사항을 올릴 수 있도록 했다. 뿐만 아니라 공단에 불만 사항을 직접 접수하거나 우편으로 관련 부서에 연결될 수 있도록 했다. 무엇보다도 가장 많은 글이 올라오는 곳은 각 시설의 고객 접점 부서에 설치된 고객 제안 게시판이다.

예전보다 공공시설에 대한 서비스 기대감이 점점 높아지고 있다. 시민들은 이미 민간 시설이나 서비스의 수준을 익히 경험했으므로 이들을 충족시키기에 어려움이 따른다. 그래서 고객 서비스 접점 부서에 있는 직원들은 항상 긴장하고 근무해야 한다. 모든 기업의 CEO는 이런 서비스 접점을 간과할 수 없다.

서비스 접점은 영어로 서비스 인카운터(encounter)라고 한다. 인카운터의 뜻을 사전에서 찾아보면 '마주치다, 조우하다, 만나다'라고 되어 있는데, 서비스 마케팅에서는 타인과 상호작용하는 인간의 행동으로 풀이한다. 따라서 서비스 접점은 서비스를 제공하는 종업원과 소비자인 고객이 마주치는 순간에 이루어지는 행동이다.

서비스 기업에서 종업원이 고객과 접촉하는 시간은 전체 업무 중 3분의 1에 해당한다는 조사 결과가 있는데, 서비스 접점에서 종업원은 감정을 나타내지 않고 기업의 목표나 고객의 욕구를 반영하도록 행동해야 한다. 특히 기업의 최일선에서 근무하는 직원이라면 고객의 목소리만 듣고도 어떻게 상대방을 대해야 할지 어느 정도 알아채야 한다.

따라서 상대방의 언어를 가지고 상대방을 대하는 심리적인 방법을 소개하려 한다. PCM(Process Communication Model)이라고 하는데, 전 세계적으로 많이 사용하는 커뮤니케이션 기법 중 하나다. 이 이론에 따르면 사람의 성격에 따라 잘 들리는 말과 안 들리는 말이 있다고 한다. 예를 들면 유머가 풍부한 사람의 경우에는 '재미있을 것 같다', '지겨울 것 같다', '멋있다'와 같은 말이 잘 들리고, 가치관이 뚜렷한 사람의 경우에는 '절대로', '신념', '확신' 등의 말이 잘 들린다. 논리적인 사람의 경우에는 육하원칙에 따라 말을 하면 잘 이해한다. 감정이 풍부한 사람의 경우에는 '좋다', '피곤하다', '상쾌하다' 등 주로 감정이 섞인 말이, 행동이 먼저인 사람의 경우에는 '요점을 간략히 설명하면', '결론부터 말하면' 등 단도직입적인 말이 잘 들린다고 한다.

물론 사람의 마음을 읽는 것은 결코 쉬운 일은 아니다. 그러나 사람을 상대하는 사람이라면 성격의 특성을 이해할 필요가 있다. 뿐만 아니라 홈페이지를 통해 고객이나 시민이 불편불만 사항 등을 접수할 때 그들이 사용하는 언어를 분석해보면 어느 정도 성격을 이해할 수 있어서 대처하는 데 큰 도움을 받을 수 있다.

볼테르는 "사람을 힘들게 하는 것은 멀리 있는 높은 산이 아니라, 신발에 들어 있는 모래 알맹이다"라고 했다. 그렇기에 고객은 아주 사소한 일에도 민감하게 반응하여 화를 내기도 하고 기뻐하기도 한다는 사실을 명심해야 한다. 앞으로 서비스 접점에 대한 연구는 많은 기업에서 계속해서 이루어질 것이며, 기업의 경쟁이 치열해질수록 서비스 접점이 차지하는 비중은 높아질 것이다. 그런 만큼 서비스 접점에 대한 교육을 직원들에게 철저하게 시켜야 할 뿐만 아니라 중요성을 인식시킬 필요가 있다. 그리고 서비스 접점을 잘 관리하려면 VOC에 최대한 관심을 가져야 한다.

양이 아닌
내용으로 승부하라

CEO가 되면 가장 많이 하는 일이 회의다. 직원들로서는 회의는 일상적인 것이라고 여긴다. 그러므로 좀 더 차별화된 회의 방식을 도입해야 한다. 나는 이곳저곳 현장을 돌아다니면서 그 자리에 서서 회의를 하는 경우가 많았다. 상황에 따라 현장에서 회의를 하면 현장감이 뛰어나다는 장점이 있다. 회의에 참가하는 직원들도 의자에 앉아서 할 때보다 더 집중하곤 한다. 한 연구 결과에 따르면 서서 하는 회의는 의자에 앉아서 하는 경우보다 의사결정이 34%나 빠르다고 한다. 그리고 활발하게 의사를 표현하는 경우가 많았다. 모두 서서 하기 때문에 좌석의 배치가 자유롭다. 직급에 따라 자리를 배치하면 격식에 얽매여 현장감 넘치는 아이디어가 나오기 어렵다.

월마트의 창시자 샘 월튼은 즉석에서 당일 회의의 진행자를 선정한다. 회의를 진행하는 사람의 리더십을 파악하기 좋고, 무엇에 중점을 두면서 회사 일을 하는지 파악할 수 있기 때문이다. 또한 회의도 즉석에서 하곤 했다. 한편, 사람들이 일반적으로 해오던 방식을 벗어나 다른 길로 가는 것을 두려워하지 않았다. 모든 사람들이 같은 방식을 택한다면 그 반대로 가야만 자신만의 영역을 찾아 성공할 수 있다는 신념을 갖고 있기 때문이다.

대개는 정해진 규칙과 시간, 진행자, 순서에 따라 회의를 진행하는 것에 익숙하다. 이를 따르지 않으면 회의를 주재하는 부서에서 질책을 받기도 한다. 나 역시 처음에는 이전의 규칙에서 벗어나 회의를 진행하는 것이 어색했지만, 가능한 한 자유로운 분위기를 유도하려고 노력했다. 회의의 긴장감을 풀기 위해서는 진행자인 내가 무장을 해제시켜야 자유롭게 토론을 진행할 수 있기 때문이다.

예전 회의의 가장 큰 문제는 시간이 너무 많이 걸린다는 것이었다. 한 사람 이야기가 끝나면 다음 순서로 넘어가야 했기 때문이다. 그러나 회의에서는 가장 중요한 내용만 이야기하고 그 외의 사항은 서면으로 보고하도록 했다. 또한 팀장이나 부서장이 서로 눈치를 보는 것도 문제였다. 한 부서의 책임자가 발표 내용이 다른 부서에 비해 너무 적다고 생각하면 억지로라도 더 발표하려 애쓰는 것을 보았다. 내용이 아니라 시간과 분량을 중요시하는 것이다. 그래서 나는 "회의에서는 가장 핵심적인 내용을 가장 짧게 발표하는 사람이 발표를 잘하는 것"이라고 하면서 내용 위주의 발표를 권했다.

회의는 중요한 업무 과정이다. 그러나 시간에 비례하여 결과가 나오는 것은 아니다. 회의가 늘어지게 길면 참가자도, 진행자도 힘들다. 짧지만 굵게, 즉석에서 하는 회의가 좋은 결과를 불러오지는 않을까.

불만에 가득 찬 고객이
가장 위대한 배움의 원천이다.
- 빌 게이츠

8장

말 한마디의 힘

내뱉은 말은
주워 담을 수 없다

조선시대 임상옥은 정조 3년(1779년) 전통적으로 장사하는 집안에서 태어났다. 그는 장사하는 법과 중국어를 아버지로부터 배웠고, 그 덕택에 큰돈을 벌었다. 한번은 청나라와의 장사를 위해 준비하는데, 예전에 동행한 문상이라는 사람에게 연락을 취했지만 아무 소식이 없어서 직접 그를 찾아갔다. 문상은 배가 아파서 움직일 수 없을 것 같다고 말했다. 임상옥은 돈을 갚지 않으려 그러는 것이냐며 화를 냈다. 예전에 연경에 갔을 때 문상이 도적에게 돈과 물건을 모두 뺏기고 난처한 신세가 되었을 때 이전부터 거래를 하던 중국인 호상이 은덩어리를 주어 장사 밑천을 마련한 적이 있었다. 이런 사실을 잘 알고 있는 임상옥은 장사를 하는 사람으로서 문상의 행동을 용납할 수 없었던 것이다.

임상옥이 연경에 도착했다는 사실을 알고는 중국인 호상이 임상옥을 찾아왔다. 임상옥은 문상에게 빌려준 은 덩어리를 찾기 위해 온 것으로 생각하고는 문상이 아파서 죽었다고 거짓말을 했다. 그러자 호상은 "거래하는 사람이 장사를 하다 망하면 3번까지 도움을 주는 것이 상인의 도리입니다. 그런데 지금까지 신의를 잘 지키던 문상이 죽었다니 너무 슬픕니다. 얼마 안 되는 은이지만 조금이나마 도움이 되었으면 합니다"라며 또다시 은 덩어리를 주었다. 임상옥은 아무 말도 하지 않고 은 덩어리를 받아 돌아왔다. 그리고 문상에게 이 사실을 알리려고 갔는데, 문상의 집에서 곡소리가 들려왔다. 문상의 아들은 "아버님께서 돌아가시기 전에 나리가 연경에서 오시면 크게 사죄드리고 연경의 호상에게 빚을 갚으라고 하셨습니다"라고 말했다. 임상옥은 사정도 모르고 문상에게 한 말을 후회했다. 그리고 연경에서 받은 호상의 은 덩어리를 아들에게 건네주었다고 한다. 이후 임상옥은 오랫동안 문상에게 미안해했다고 한다.

CEO는 말을 조심해야 한다. 영원히 씻을 수 없는 오점이 남기도 하고, 사회적으로 큰 파장을 일으켜 문제가 발생하여 옷을 벗는 CEO가 많다. 직원들을 대하면서, 언론과 인터뷰하면서 말조심하지 않으면 언젠가는 크게 다칠 수 있다는 사실을 명심해야 한다. 말은 사전에 충분히 생각하고 고민해야 한다. 일단 내뱉은 말은 주워 담을 수 없기 때문이다.

말 한마디가
마음을 움직인다

세상을 움직이는 사람들은 대개 고난과 역경을 이겨낸 인간 승리자다. 그렇기에 이들의 말 한마디는 가슴에 스며든다. 힘들고 어려울 때 앞서 세상을 움직였던 사람들의 주옥같은 말을 되새기면서 지금의 위기를 슬기롭게 극복해야 한다.

인도의 평화 독립을 외치면서 꿋꿋하게 맞선 간디는 "추위나 더위나 배고픔, 목마름을 이기지 못하고 불쾌한 일을 참고 견디는 힘이 없다면 그 사람은 결코 인생의 승리자가 될 수 없다"라며 인내를 강조했다. 독일의 철학자 칸트는 하고 싶은 대로만 하면 남에겐 피해를 줄 수 있다면서 "남의 자유를 방해하지 않는 범위에서 나의 자유를 확장하라"라고 말했다. 평생 봉사하는 삶을 산 테레사 수녀는 "커다란 사랑의 마음으로 작은 일을 행하라"라는 말로 봉사의 정신을 심어주었다. 철학자 니체는 "아모르 파티(amor fati)"라는 말을 자주 했는데, '운명애(運命愛)'라고 번역되기도 한다. "운명은 모든 인간에게 필연적으로 닥쳐오지만 이에 묵묵히 따르는 것만으로는 창조성이 없다. 오히려 운명의 필연성을 긍정하고 자기 것으로 받아들여서 진심을 다해 사랑할 때 인간 본래의 창조성이 발휘된다." 이렇듯 유명한 사람들의 한마디는 깊은 울림과 깨달음을 준다.

1920년대 추운 겨울날, 앞을 보지 못하는 노인이 시각장애인이라는 팻말을 앞에 놓고 공원에서 구걸했다. 그러나 사람들은 이내 자리를 떴다. 멀리서 이 광경을 목격한 한 남자가 노인에게 다가가 잠시 머뭇거리다 자리를 떴다. 그러자 사람들이 다가와 동전을 놓고 갔다. 팻말에는 "머지않아 봄이 오지만 저는 앞을 보지 못하는 관계로 봄을 느낄 수 없습니다"라고 고쳐 쓰여 있었다. 그렇게 글을 고친 사람은 프랑스의 유명한 시인 앙드레 브레통이었다. 그의 말 한마디로 사람들은 마음이 움직였고, 지갑을 열어 노인을 도와주었다.

물론 CEO로서 감성적이어야 한다는 말은 아니다. 그러나 감성적인 말 한마디는 직원들에게 큰 힘이 될 수 있다. 때로 사무실에 유명 인사들의 말 한마디를 걸어놓고 실천한다면 그들의 행동과 생각을 거울 삼아 자신의 사고와 행동을 고쳐나갈 수 있다.

CEO가 알아야
일이 제대로 돌아간다

그 분야에서 최고의 경지에 오른 사람이 CEO로 발탁되기도 하지만 그렇지 않은 경우도 많다. 문제는 조직을 다스리는 데 전문 지식이 문제가 되어 조직의 구성원들로부터 외면당할 수 있다는 것이다. 그러므로 CEO는 철저한 계획을 세워 지식을 습득하는 데 심혈을 기울여야 한다. 출근하는 첫날부터 전체 분야에 대해 실무와 전문 지식으로 널리 알려진 직원을 바로 요청해서 일정 기간 동안 계속해서 지식을 습득하려는 노력이 필요하다. 또한 현장에서 직접 듣고 이론을 익히는 데 주저하지 말아야 한다. 이런 경우 오히려 구성원들로부터 좋은 반응을 얻을 수 있다.

나는 실무자로부터 전문지식을 습득하는 것을 전혀 부끄럽게 생각하지 않았다. 처음부터 모른다고 솔직히 고백하고 해당 분야의 직원에게 현장과 실무를 익혔다. 일단 현장의 실무와 이론을 어느 정도 파악한 후에는 중간관리자에게 해당 분야의 문제점에 대해 설명을 들었다. 마지막으로는 각 사업소의 본부장급과 현장에서의 실무와 이론을 중심으로 토론했다. 이런 준비 없이 토론이나 회의가 진행되는 경우, 현장에 대한 이해 부족으로 인해 회의 분위기가 무거워지거나 조직 구성원들에게 무지함이 퍼져서 결국 어려움에 봉착할 것이다.

장관이라고 해서 해당 분야의 지식을 모두 갖춘 것은 아니다. 대통령도 마찬가지다. 중요한 것은 조직을 얼마나 잘 관리하느냐 하는 것이다. 해당 분야에서 오랫동안 근무한 직원이어도 운영 차원에서는 오히려 좁은 시야를 지니는 경우가 많다.

그래서 CEO는 오랫동안 공부를 해나가야 한다. 중도에서 포기하거나 중간관리자나 본부장급에 의존해서 일을 처리하는 경우가 많지만, CEO가 모든 것을 들여다볼 수 있어야 일이 제대로 돌아간다.

맥도날드의 창시자 레이 크록(Ray Kroc)은 이렇게 말했다. "햄버거를 많이 팔기 위해서는 가게 주변의 위치와 도로 상황 등을 자기 집을 들여다보듯 잘 알고 있어야 한다. 심지어는 지하실의 위치까지 파악해서 배달하는 동네에 대해서만큼은 확실히 숙지하고 있어야 한다."

고객의 말에
민감하게 반응하지 마라

전혀 상식에 어긋나는 말을 하는 사람을 가끔 만나게 된다. 그렇다고 멱살을 잡고 싸울 수도 없는 노릇이다. 특히 고객과 자주 접촉하는 부서에서 근무하는 사람이라면 말을 함부로 하는 고객을 종종 마주치게 된다. 그럴 때는 사람의 성격은 다양하고 사람마다 각기 다르다고 생각하면서 넘어가야 한다.

호텔경영 분야의 교수를 하던 시절, 해병대를 제대한 제자 한 명이 연구실로 찾아왔다. 등록금을 마련할 수 있게 아르바이트 자리를 알아봐달라는 것이었다. 호텔 아르바이트는 힘들다고 말렸지만, 해병대를 제대해서 정신 무장이 되어 있다며 자신있어했다. 그래서 서울의 한 호텔에 도어맨(호텔 입구에서 차량 정리 및 주차 담당을 하는 사람) 자리를 소개해주었다.

처음 몇 개월 동안은 좋아했다. 자신이 서비스직에 어울리는 것 같다며 만족하는 눈치였다. 그 후 한참 동안 연락이 없다가 제자가 연구실로 찾아왔다. 호텔 아르바이트를 그만두었다고 했다. 눈도 많이 내리고 엄청나게 추운 겨울날 주차 정리를 하고 있었는데, 30대 후반의 여성이 고급 외제차를 몰고 호텔에 도착해서 차에서 내리다가 자신의 딸에게 매일 늦게 일어나고 공부도 안 하면 추운 날 이런 일이나 하는 사람과 결혼할 거라는 이야기를 하는 것을 듣고 그 자리에서 차키를 내던지고 호텔을 그만두었다는 것이 아닌가.

호텔이나 기타 서비스 업종에 종사하면 다양한 유형의 고객을 만나게 되는데, 잘 대처해나가야 하는 경우가 많다. 사람들은 무심코 내뱉은 말이 얼마나 충격을 주는지 잘 모르는 경우가 많기 때문에 이를 걸러서 듣거나 마음을 다스릴 수밖에 없다. 이런 말에 일일이 반응하다가는 일을 계속할 수 없을 것이다.

말은 신중하게 해야 한다

옛날 중국에 하돈이라는 유명한 장수가 있었다. 싸움터에 나가 싸우면 항상 큰 공을 세워 많은 상을 받기도 했다. 그러나 그는 업적에 비해 상이 적다고 불평했다. 급기야 이런 불평이 황제의 귀에까지 들어가게 되었다. 화가 난 황제는 장수를 불러 참형을 명했다. 그는 후회하면서 마지막으로 아들인 하약필에게 말하기를 "아비는 세 치 혀 때문에 곧 죽음을 당할 것이다. 그러니 혀를 항상 조심하지 않으면 너 역시 죽음을 면치 못할 것이다. 항상 입을 조심해라"라고 하면서 아들의 혀를 송곳으로 찔렀다.

한편 평소 말을 조심하여 몇 대에 걸쳐 황제를 보필한 사람이 있다. 당나라가 멸망한 뒤 후당(後唐) 때 입궐하여 재상까지 지낸 풍도라는 정치가다. 그는 입이 화근임을 깨닫고 73세로 장수를 누리며 말조심을 평소의 인생철학으로 삼고 난세에도 영달했다고 한다.

구시화지문(口是禍之門)이란 "입은 재앙을 불러들이는 문"이라는 뜻으로 《전당서(全唐書)》〈설시편(舌詩篇)〉에 나오는 한 구절이다. 입에서 나오는 말은 조심하지 않으면 큰 화를 당하기 쉽다. 특히 CEO라면 입에서 말을 내뱉기 전에 감정을 추스른 후 말을 해야 한다.

말 한마디 잘못해서 큰 낭패를 당하는 경우를 종종 본다. 일단 말은 입에서 나오면 주워 담지 못하기 때문에 처음부터 신중하게 말해야 한다. 그리고 항상 말을 할 때는 상대방을 의식해야 한다. 지금 내가 하고 있는 말이 상대방에게 해를 입히고 있지는 않은지, 충격적인 내용은 없는지 꼼꼼히 챙겨야 한다. 특히 CEO의 말실수는 돌이킬 수 없는 결과를 초래할 수 있다는 사실을 명심하자.

긍정적인 메시지를
전달하라

직원들과 소통하고 대화하려면 스트로크 기법을 잘 활용해야 한다. 스트로크란 상대방에게 크든 작든 자극을 주는 행동을 일컫는다. 자극을 주는 방법에는 여러 가지가 있다. 악수를 할 수도 있고 어깨를 두드릴 수도 있으며 칭찬의 말을 건넬 수 있고 가벼운 포옹을 곁들일 수 있다. 신체적 접촉은 물론이거니와 부드러운 목소리도 스트로크 기법에서는 큰 역할을 한다.

스트로크 기법에는 상대방에게 긍정의 메시지를 전달하는 플러스 스트로크와 마이너스 스트로크가 있다. 플러스 스트로크는 직원과 동료에게 힘을 북돋아주는 말이고, 마이너스 스트로크는 상대방이 들어아주 기분이 나쁜 말이다. 또한 상대방에게 무관심을 보이는 중간 단계도 있다.

평소 말이 없거나 표현이 부족한 CEO라면 태도를 바꿀 필요가 있다. 은행에 적은 돈이라도 매일 저축하다 보면 목돈이 되는 것과 마찬가지로, 사람의 마음도 매일 플러스 스트로크 행동과 표현을 하면 커다란 재산이 된다.

또한 표현 방식에 있어 '나'를 주어로 감정과 생각을 표현하는 대신, 상대방을 나무라기에 앞서 자신의 탓으로 돌려야 한다. 이를 통해 상대의 행동과 표현을 변화시킬 수 있다. 이와 반대로 '너'를 주어로 삼아 상대에게 모든 책임을 돌리면 상대방과 소통하기가 어렵다.

사람들은 말 한마디에 좋은 감정을 갖기도 하고, 나쁜 감정을 가질 수도 있다. CEO는 항상 직원들에게 플러스 스트로크를 줄 수 있도록 훈련이 되어 있어야 한다. 심하게 꾸짖는다고 해서 직원들의 마음을 돌릴 수는 없다. 이미 잘못한 직원은 자신이 무엇을 잘못했는지 잘 알고 있다. 그런 직원에게 CEO인 자신의 책임도 있다고 말을 건넨다면, 직원이 더 크게 반성하고 큰 효과를 볼 수도 있다.

상담하듯 일을 맡겨라

　　기업의 최고 총수인 회장이나 사장님의 명령이나 지시에 따르지 않을 직원은 없다. 대부분의 직원은 상사의 지시를 곧 명령으로 여기고 싫든 좋든 일을 수행한다. 물론 사고가 발생할 소지가 있는 일에 대해서는 거절할 수도 있지만 말이다. 그런데 문제는 일을 지시하는 과정에서 직원과 CEO 사이에서 내면적인 불만과 갈등이 발생하기 쉽다는 것이다.

　　직원이 스스로 하고 싶은 마음이 들어 일하는 것과 상사의 강압이나 압력, 명령에 의해 일하는 것을 비교해보라. 강압이나 명령에 의해 일이 이루어지면 단기적으로는 성과를 올릴 수 있을지 몰라도 최종적으로는 기업에 마이너스 효과가 발생할 수 있다.

CEO는 어떤 일을 지시할 때는 "이것을 반드시 하시오"라고 말하기보다는 "이것을 하는 것에 대해 어떻게 생각하시오?"라고 말해야 한다. 강압적인 분위기를 연출하면 일의 속도는 빠를 수 있지만, 매번 그런 식이면 사장과 직원 간에 문제가 발생할 소지가 있다. 어떤 문제를 해결해야 하는데 이를 부하 직원한테 맡기는 경우, 진지하게 부하 직원한테 상담하듯이 일을 맡겨보라. 그리고 기분 좋은 말, 사소한 칭찬 몇 마디도 함께 건네자. 그러면 부하 직원은 부여된 일을 기쁜 마음으로 거뜬히 해치울 것이다.

나는 바보다.
머리가 좋은 사람들을 채용했을 뿐이다.
- 록펠러

양보해야
더 많은 것을 얻을 수 있다

평리위안은 처음에 시진핑을 만났을 때 그에게 그다지 관심이 없었는데, 시진핑이 부모님으로부터 교육받은 이야기를 전해 듣고는 이내 결혼을 승낙했다고 한다. 시진핑은 어려서 힘들게 살았는데, 하루는 아버지가 우동을 두 그릇 준비한 후 아들인 시진핑에게 둘 중 하나를 선택하게 했다. 첫 번째 우동에는 계란이 들어가 있었고, 두 번째 우동에는 계란이 없었다. 그래서 계란이 들어 있는 우동을 선택했다. 그런데 한참 먹다 보니 두 번째 우동 그릇에는 바닥에 계란이 두 개나 깔려 있었다. 겉으로 보이지 않았기 때문에 시진핑은 보이는 것만 선택하여 손해를 본 것이다. 아버지는 "겉으로 보이는 것만 가지고 판단하면 손해 보는 경우가 있다는 사실을 명심해라"라면서 시진핑이 가

볍게 판단하는 것을 꾸짖었다고 한다.

얼마 후, 아버지는 또다시 우동 두 그릇을 준비하여 아들에게 선택하게 했다. 이번에는 계란이 보이지 않는 것을 선택했는데, 정말로 계란이 들어 있지 않았다. 그러자 아버지는 "경험에만 의존해서 꼭 좋은 결과가 나올 것이라고 확신하지 말아라"라며 꾸짖었다고 한다.

또 시간이 지나, 아버지는 시진핑에게 똑같이 우동 두 그릇을 준비하고 선택하게 했다. 시진핑은 이번에는 계란이 든 우동을 아버지에게 양보하고 자신은 계란이 보이지 않는 우동을 선택했다. 그런데 우동 그릇 바닥에 계란이 두 개 들어 있었다. 그러자 아버지는 "양보를 하면 더 큰 이익이 돌아온다는 사실을 명심해라"라고 말했다.

시진핑이 아버지에게 배운 교훈을 지금까지 실천하고 있다는 말에 펑리위안은 시진핑과 결혼하기로 마음먹었다. 배려심이 깊으니 훗날 큰 인물이 될 것이라고 믿은 것이다.

경쟁이 치열한 사회에서는 상대방을 이기지 못하면 내가 죽으며, 양보는 미덕이지만 양보하면 내가 진다고 생각한다. 그러나 양보하고 배려하지 않으면 오히려 외톨이가 된다. 존경받는 리더는 양보로 인해 더 많은 것을 얻을 수 있다. 어느 날 간디가 열차를 타고 가다가 실수로 신발 한 짝을 떨어트렸다. 누군가 신발 한쪽을 주운 사람은 다른 한쪽이 없기에 아무 소용이 없지 않을까 생각한 간디는 이내 나머지 한쪽 신발도 벗어 던졌다. 이렇게 양보하는 마음을 가졌기에 큰일을 하는 훌륭한 인물이 될 수 있었던 것이다.

9장

성인의 리더십

좋은 사람을 만날 준비가
되어 있어야 한다

성공한 정치인, 기업인 등을 만나보면 사람을 잘 만나서 성공했다는 말을 많이 듣는다. 사람을 잘 만나는 것은 매우 중요하다. 누구를 만나느냐에 따라 사람의 운명이 달라지기 때문이다. 그러나 운명은 그냥 주어지는 것이 아니며, 사람을 만나는 처세술이 남보다 뛰어나야 좋은 사람을 만날 수 있다.

처세는 "사람들과 사귀며 살아감"을 뜻한다. 《손자병법》을 통해 인간이 살아가면서 반드시 알아야 할 처세술을 살펴보기로 하자. 물론 병법과 처세는 다르지만, CEO로서 알아두면 주변 사람들과 인간관계를 맺는 데 도움이 될 구절이 많다.

"입어불패지지, 이불실적이패야(立於不敗之地 而不失敵之敗也)"는 지지 않을 자리에 서서 이길 수 있는 때를 기다린다는 뜻이다. 적보다 더 좋은 위치를 점유하고 때를 기다려야 적을 제압할 수 있듯이, 모든 것을 갖추고 때를 기다려야 성공할 수 있다는 의미로도 해석할 수 있다. 좋은 위치란, 평소 사람을 대할 때 올바르고 정직하며 신뢰를 심어줄 수 있는 자세를 갖추는 것이라 할 수 있다. "왜 만나는 사람마다 일이 잘 풀리지 않지? 항상 재수가 없는 사람들만 만나서 문제야"라고 투덜대는 사람이 있는데, 정작 본인에게 무슨 문제가 있었는지는 전혀 생각하지 않는다. 본인이 좋은 사람을 만날 수 있는 기본을 갖추지 못했기 때문에 주변에 만족할 만한 사람이 모이지 않는 것이다. 뿌린 대로 거두어들이는 법이다. 세상에 운이 좋은 사람이 따로 있는 것은 아니다. 스스로 운을 만들어야 좋은 사람을 만날 수 있는 운이 따르는 것이다.

CEO는 처세의 준비가 되어 있어야 한다. 좋은 사람을 만나려면 기다리는 시간이 필요하다. 사람과의 관계는 단시간에 이뤄지지 않는다. 운이 따라줘서 좋은 사람을 만나려면 선택받을 수 있는 자세와 태도, 신뢰 등 다양한 부문에서 우수한 평가를 받아야 한다. 준비가 전혀 되어 있지 않은 상태에서는 당신을 이끌어줄 만한 사람을 만나도 그 관계가 오래가지 못한다. 그러므로 전쟁에서 성공하려면 좋은 위치에서 때를 기다려야 하듯이, 처세술에서 성공하려면 스스로 좋은 인간관계를 맺을 수 있는 자세를 갖추고 기다려야 한다.

명나라의 황제인 주원장은 어린 시절부터 서달이라는 아주 친한 친구가 있었다. 후일 주원장이 명나라의 황제가 되고 서달은 장군이 되었는데, 전쟁에서 승리하고 돌아와 황제가 연회를 베풀거나 단둘이 술을 마실 때도 서달은 아랫자리에 앉아 술을 마셨다고 한다. 그리고 주변에 아무도 없어도 항상 존경심을 가지고 존칭을 사용하면서 친구인 황제를 대했다. 한번은 주원장의 초청을 받아 술을 마셨는데, 옛날이야기를 하며 술을 마시다 서달이 취하고 말았다. 황제가 자신의 관저를 내주며 머무르라고 하자 어떻게 감히 황제가 머문 곳에 발을 들여놓을 수 있느냐며 거듭 거절했다. 바깥에서 단둘이 밤새도록 술을 마신 후 서달이 잠들자, 주원장은 신하를 시켜 몰래 서달을 업어서 관저에 눕혀놓았다. 한참 후 잠에서 깨어난 서달은 황제의 관저에 누워 있는 것을 알고는 식은땀을 흘리며 주원장에게 무릎을 꿇고 용서를 빌었다. 끝까지 친구인 주원장을 황제로 모시려는 서달에게 주원장은 감동해서, 모든 측근을 죽인 후에도 서달만큼은 끝까지 예의를 갖춰 대우해주었다.

가깝다거나 친근하다고 생각하여 스스럼없이 대하는 경우가 있는데, 처세술의 달인들은 가까운 사이일수록 상대방에게 깍듯이 예의를 지킨다.

사람을 쓰는 방법은 성격과 상황에 따라 다르다

리더십이 뛰어난 사람은 부하를 다스릴 때 특성을 고려한다. 아버지가 엄하다고 해서 자식들이 아버지를 따르는 것이 아니다. 아버지가 자식을 대하는 태도와 아버지의 행동을 보고 따라 하는 경우가 많다. 마찬가지로 부하를 다스리는 것 역시 리더의 행동과 자세, 부하를 보살피는 마음이 중요하다.

초나라 군대가 참패를 당해 갈팡질팡하고 있을 때, 항우는 지략과 전투의 기술이 뛰어난 한신에게 투항을 권유하며 자신에게 돌아와줄 것을 청했다. 한신은 "항우 밑에서 전투할 때는 고작 내 위치가 낭중에 불과했소. 다른 병사와 다를 바가 없었지요. 더구나 수차례 전쟁에서 이길 수 있는 여러 가지 계략을 제안하고 설명했는데도, 항우는 철저하게 나를 무시했소. 그래서 유방에게 온 것이오. 유방은 나에게 파격적인 권한을 부여했소. 상장군의 인장을 내려주었고 수만 명의 병사를 주었으며 자신이 입고 있던 옷까지 벗어주었소. 조언에는 빠짐없이 귀를 기울였소. 그러니 내가 지금 죽는다고 해도 유방을 배신할 수는 없소"라며 일언지하에 거절했다.

리더가 부하를 챙기면 부하는 감동을 받는다. 물질적, 정신적으로 원하는 것을 챙겨주는 것이야말로 리더십에서 가장 중요한 일이다. 그러나 마냥 챙겨준다고 해서 부하 직원이 따르는 것도 아니다. 그러므로 부하 직원의 성격과 특성 등을 면밀히 파악하여 다양한 방법을 적용할 필요가 있다. 상황에 따라서는 질책하는 말도 필요하다.

《삼국지》에 나오는 조조의 부하 하후연은 지략과 용맹이 뛰어난 장수다. 유비가 하후연을 상대할 만한 장수를 찾지 못하자, 제갈량은 황충을 추천했다. 유비는 황충이 나이가 많다는 이유로 주저했다. 제갈량은 그 자리에서 황충을 불러서 "하후연은 지략과 용맹이 매우 뛰어난 장군이오. 자칫 방심하면 당할 수 있습니다. 원하시면 관우 장군을 보내드리겠습니다"라고 했다. 황충은 몹시 불쾌해하며 하후연을 박살내고 돌아올 것이라고 큰소리를 쳤고, 곧 하후연을 물리쳤다.

CEO에게 사람을 다루는 기술은 중요하다. 상황에 따라 어떻게 상대방을 다룰 것인지 심도 있게 관찰하고 연구해야 한다. 그러나 자칫 잘못 적용하면 역효과를 낳아 화가 미칠 수도 있으니 조심해야 한다.

예의를 갖추면
사람이 따른다

아무리 능력이 뛰어나고 실력이 우수해도 예의에 어긋난 행동을 하면 주변 사람들에게 외면당할 수 있다. 사람들은 능력이 다소 떨어지는 것은 용서해도, 건방지거나 예의에 어긋나면 용서하지 않는다.

공자는 "극기복예위인(克己復禮爲仁)", 즉 자기를 극복하고 예를 회복하는 것이 곧 인이라고 했다. 다시 말해, 자기를 억제하고 예의를 갖추라는 뜻이다. 감정을 쉽게 노출하고 감정의 기복이 심한 사람은 예의를 지킬 수 없다. 상대방의 감정을 헤아려 배려하는 인내심이 없으면 예의를 갖추기가 어렵기 때문이다. 특히 CEO처럼 지위가 높은 사람이 예의를 갖추어 상대방을 대한다면 오히려 높은 평가를 받을 수 있다.

지인 중에 한 사람은 자신의 위치가 높거나 낮거나 상관없이 똑같이 사람을 대한다. 아무리 나이가 어린 사람이라도 말을 함부로 하지 않으며, 주변의 사람들을 먼저 배려한다. 한번은 그가 주최한 모임에 목발을 짚고 다니는 사람이 참석했다. 그런데 객석은 모두 차서 남는 좌석이 하나도 없었다. 그러자 그는 맨 앞에 있는 자기 자리에서 벌떡 일어나더니 그 사람을 자리에 앉혔다. 그리고 아무 일도 없었다는 듯이 서 있다가 순서가 되자 단상에 올라가 마이크를 잡았다. 주변에서 자리를 양보해도 끝내 자리에 앉지 않고 서서 모임을 마쳤다.

사람을 만날 때는 예의를 갖추고 있는지 생각하면서 행동하고 이야기를 이어나가야 한다. 공자는 "불환인지불기지환불지인야(不患人之不己知患不知人也)"라고 했는데, 남이 나를 알아주지 않는 것을 걱정하지 말고 내가 남을 못 알아보는 것을 걱정하라는 뜻이다. 사람들은 남이 자신을 알아주지 않는 것을 몹시 불쾌해하는 경우가 많다.

사람들은 상대방이 예의가 있는지 없는지 단숨에 파악한다. 예의에 어긋나는 사람은 주변 사람들에게 배척당하며, 주변 사람들로부터 항상 칭찬을 듣는 사람은 능력보다는 예의가 출중하여 좋은 평을 받는 경우가 많다.

제갈공명 역시 전쟁에 임하는 장수들에게 겸손함을 강조했다. 전쟁에서 승리하여 자만심에 빠져 부하나 적에게 오히려 당할 수 있기 때문이다. 《장계(將誡)》에서 "오만하지 않아야 다른 사람을 제압할 수 있고, 교만하지 않아야 위엄을 세울 수 있다"고 강조한 것만 보아도 얼마나 겸손함을 중요하게 여겼는지 알 수 있다.

잘 돌아가는 일에는
신경 쓰지 마라

유비를 도와 천하를 지배하게 만든 제갈공명은 머리가 비상했다. 조조와 수백 번의 전투를 벌이면서 기발한 아이디어와 전술로 그를 무찔렀다. 그러나 제갈량이 처음부터 유명한 것은 아니었다. 《삼국지》의 〈제갈량전〉에 따르면, 어려서 부모를 잃고 남동생과 두 여동생과 함께 힘들게 살아갔다. 그러다가 스스로 별호를 와룡이라고 하고 자신이 거주하던 지역에 흐르는 강을 와룡강이라 이름 지어, 스스로를 용에 비유하여 주변 사람들에게 알렸다. 결국 그는 유비에게 발탁되었다.

제갈공명은 "지도자는 정상이 아닌 일에는 신경을 쓰고 정상적인 일에는 신경을 쓰지 않아야 하며, 예외에는 신경을 쓰고 관례적인 일은 신경을 쓰지 않아야 한다"라고 했다. 기업을 운영하면서 모든 것을 챙기는 CEO라면 이 말을 새겨들을 필요가 있다. 성공한 기업의 CEO는 혼자서 모든 것을 해결하려고 하지 않는다. 각자에게 역할을 맡기고 자신은 중요한 것만 챙긴다. 잘 돌아가는 일을 CEO가 나서서 간섭하면 직원들은 자신을 감시하려는 것은 아닌지 의심한다. CEO는 큰 그림을 그려야지, 사소한 사항에까지 관심을 두면 기업이 번창할 수 없다. 가만히 놓아도 잘 돌아가는 것은 그대로 놔두면 된다.

그러나 정상이 아닌 일에는 신경을 써야 한다. 일이 지나치게 잘 진행되거나 전혀 진행이 되지 않을 경우, CEO는 냉철하게 판단을 내려야 한다. CEO로서 모든 것에 관여하려는 순간, 스스로도 지치고 조직 구성원도 지쳐서 기업의 목표를 달성할 수 없다. 기업에는 많은 부서가 있으니, 기업의 CEO는 직원 각자가 자신의 역할을 할 수 있도록 권한을 부여해주면 된다. 조직이 잘 돌아가려면 CEO는 어느 선까지 본인이 관여해야 하는지 처음부터 명확하게 선을 그어야 한다.

백락의 눈처럼
혜안을 갖춰라

춘추시대 상마가(相馬家)인 손양은 명마를 고르는 솜씨가 당대 최고였다. 그가 선택한 말은 최고의 명마로 명성을 드날렸고, 황제나 왕은 누구도 이의를 제기하지 않았다고 한다. 그래서 그를 존경하는 의미에서 백락(伯樂)이라는 이름이 붙었다.

한번은 초왕이 그를 불러 최고의 명마를 구해달라고 했다. 백락은 천리마는 단시간에 구할 수 있는 말이 아니라서 많은 시간이 필요하다고 설명했다. 그러자 시간을 충분히 줄 테니 천리마를 구해 오게 했다. 그래서 백락은 천리마를 찾아 여러 나라를 돌아다녔지만 구하지 못했다. 아무 소득 없이 집으로 돌아가는 길에 한 노인이 삐쩍 마른 말을 몰고 비탈길을 힘없이 올라가고 있었다. 말은 먹지 못해서 그런지 뼈마디만 앙상하게 남아 있었다. 안타까운 마음에 말의 잔등을 어루만지자, 말이 앞다리를 높이 치켜들며 큰 소리로 울었다. 울음소리를 듣고 천리마라고 확신한 그는 노인에게 말을 팔라고 했다. 백락은 집에 도착하자마자 초왕에게 천리마를 구했다고 알렸다. 말을 본 순간 초왕은 몹시 실망했지만, 백락이 정성껏 말을 돌보자 곧 말은 천리마의 위용을 갖추었다.

아무나 훌륭한 말을 알아보는 눈을 갖춘 것은 아니다. 마찬가지로 사람을 알아보는 눈 역시 누구나 가진 재능은 아니다. 매일 사람을 만나고 사람을 채용해서 기업을 이끄는 CEO야말로 사람을 보는 눈이 매우 중요하다. 사람을 보는 혜안을 갖춰야 한다는 말이다. 아무리 능력 있는 직원이라도 제대로 된 리더를 만나지 못하면 훌륭한 인재로 자랄 수 없다. 그러니 그런 CEO를 만나는 것도 직원의 입장에서는 매우 행운이다.

자기 자신을 응시하라.
바깥으로 향하는 눈길을 돌려 내면을 보라.
― 피히테

겸손한 자세로
모든 사람을 대하라

편작은 죽은 사람도 살려냈다는 명의다. 위나라 문왕이 편작에게 편작의 삼형제가 모두 의사인데 누가 가장 뛰어난 의술을 갖고 있는지 물었다. "당연히 큰형님이 가장 의술이 뛰어나며, 다음으로는 둘째 형님이고, 제가 세 번째입니다." 그러자 문왕은 왜 세상에서는 편작의 의술이 가장 뛰어나다고 이구동성으로 말하는지 물었다. 편작은 "큰형님은 지금은 정상이지만 나중에 증상이 일어날 것 같은 환자를 치료합니다. 그렇다 보니 환자가 치료받은 사실조차 모릅니다. 둘째 형님은 환자에게 막 증상이 나타날 때 치료합니다. 그러니 치료받았다는 느낌이 절실하지 않습니다. 그러나 저는 환자가 온몸에 병이 퍼져 더 이상 움직이지 못하는 경우에 치료합니다. 사실은 초기 증상을 잡는 것이 더 중요한데도 병이 심하게 퍼진 치료만 중요하다고 생각하는 경우가 많습니다"라고 대답했다.

물론 편작의 말은 옳지만, 자신의 의술을 뽐내지 않는 겸손함에서 비롯된 것이기도 하다. 편작이 큰형님과 둘째 형님보다 자신이 더 뛰어나다고 자만했다면, 환자를 치료할 때도 똑같은 태도로 대했을 테고 환자들도 그를 그다지 신임하지 않았을지 모른다.

직원을 대할 때도 마찬가지다. CEO가 자기 자랑만 늘어놓는다면 직원은 그다지 탐탁하게 생각하지 않을 것이다. 늘 겸손한 자세로 모든 사람을 대한다면, 스스로 알리지 않아도 모든 사람들이 당신의 됨됨이를 칭찬할 것이다. 높은 자리에 위치해 있으면서도 겸손하고 친절한 자세로 주변 사람들을 대한다면 주변에서 바라보는 시각이 달라진다.

강감찬 장군은 거란의 10만 대군을 무찌른 고려의 명장이다. 귀주대첩에서 거란을 물리치고 당시 고려의 수도였던 개경으로 돌아오자, 현종은 강감찬을 맞이하기 위해 지금의 의흥인 영파역까지 나가 강감찬이 원하는 모든 관직을 내리려 했으나, 강감찬은 높은 관직은 자신에게 과분하다고 판단하고 왕의 제안을 거절했다. 이렇듯 겸손함이 몸에 배어 있었기에 83세까지 장수를 누리면서도 누구에게도 견제를 받지 않았다고 한다. 그렇게 보면 겸손함은 큰 무기가 되기도 한다.

대전광역시시설관리공단 주요 성과(2015.5.~ 2018.8.)

연도	일자	내용	기관
2015	08월 25일	무지개복지센터, 중부권 지적장애인기능 경진대회 은상 수상	한국지적장애인복지협회
	09월 03일	대전시설관리공단 홈페이지, 웹 접근성 품질인증마크 4년 연속 획득	미래창조과학부
	09월 04일	대전정수원, 화장 시설 '우수 기관' 선정	한국상·장례업협회
	09월 23일	무지개복지센터, 장애인 직업 재활 시설 최초 'HACCP 인증'	한국식품안전관리인증원
	11월 03일	지방공기업 정부3.0 평가 우수 기관 표창 수상	행정자치부
	11월 16일	용운국제수영장, 대한민국 안전대상 우수 기업상 수상	국민안전처
	11월 30일	일·가정 양립 문화 조성을 통한 가족 친화 기업 선정	여성가족부
	12월 10일	전국 특·광역시 시설관리공단 중 청렴도 1위	국민권익위원회
2016	02월 15일	기술 인재 양성에 대한 공로 인정, 한국폴리텍대학 감사패 수상	한국폴리텍대학교
	03월 11일	대전하수처리장, '공공하수도 관리대행 성과평가' 우수 사업장 선정	한국상하수도협회
	04월 18일	대전시설관리공단, 말 산업 육성 정부공 모사업에 선정	농림축산식품부
	06월 27일	지방공기업 환경공단군 고객만족도 조사 5년 연속 1위	행정자치부
	07월 01일	무지개복지센터, 장애인기능경기대회 금 상 등 수상	한국장애인고용공단
	07월 05일	지방공기업 정부3.0 평가 우수 기관 2년 연속 선정	행정자치부
	09월 11일	홈페이지, 웹 접근성 품질인증 5년 연속 획득	미래창조과학부
	10월 31일	대전시설관리공단, 날씨경영우수기업 2 회 연속 인증	한국기상산업진흥원
	11월 03일	대전월드컵경기장, 그린스타디움상 수상	한국프로축구연맹
	12월 15일	대전시설관리공단, 사회공헌유공 감사패 수상	송강사회복지관
	12월 29일	대전월드컵경기장, 2016년도 우수 공공 체육시설 선정	문화체육관광부

연도	일자	내용	기관
2017	02월 23일	무지개복지센터, 사회복지시설 평가 최우수 A등급 획득	보건복지부
	04월 12일	승마 대중화 노력 인정, 대전승마협회 감사패 수정	대전승마협회
	08월 01일	대전월드컵경기장 '무재해 1배수' 인증	안전보건공단
	08월 01일	대전시설관리공단, 지방공기업 경영평가 우수	행정안전부
	08월 02일	대전하수처리장, 기술진단 평가 최우수시설 선정	한국환경공단
	09월 04일	대전하수처리장, 수질TMS 숙련도 인증 '3년 연속 획득'	한국환경공단
	09월 05일	대전하수처리장, '무재해 6배수' 인증 달성	안전보건공단
	09월 06일	대전시설관리공단 홈페이지, '웹 접근성 품질인증' 6년 연속 획득	미래창조과학부
	11월 21일	대전하수처리장, '대한민국 전기안전대상' 표창	산업자원통상부
	12월 06일	공공기관 청렴도 측정 결과 5년 연속 2등급 달성	국민권익위원회
	12월 22일	무지개복지센터, '위험성평가 우수사업장' 2회 연속 선정	한국산업안전공단
2018	02월 13일	제15회 지방공기업의 날 행사 행정안전부 장관 표창 수상(경영 개선 우수)	행정안전부
	03월 05일	하수처리장 등 4개 사업장, 무재해 목표 달성	산업안전보건공단
	04월 20일	한밭종합운동장, '위험성평가 우수사업장' 2년 연속 선정	산업안전보건공단
	05월 03일	기성종합복지관, '학교 밖 체험활동 모범기관' 선정 표창	대전광역시교육청
	08월 06일	대전시설관리공단, '노사문화 우수기업' 인증 획득	노사발전재단

참고문헌

《마음을 움직이는 승부사 제갈량》, 자오위핑, 박찬철 옮김, 위즈덤하우스, 2012.

《살아남는 기업은 무엇이 다른가》, 김남국, 비즈니스북스, 2016.

《긍정의 유머 심리학》, 앨런 클라인, 양영철 옮김, 경성라인, 2010.

《인간관계에도 지혜와 법칙이 있다》, 데일 카네기, 조용규 옮김, 꼬마나라, 2000.

《사업은 사람이 전부다》, 마쓰시타 고노스케, 이수형 옮김, 중앙경제평론사, 2015.

경제경영 & 자기계발 베스트셀러

대한민국 진로백서 : 어쩌다 어른이 된 청춘들을 위한 진로 가이드
정철상 지음 | 16,500원

20년간 인재개발에 전념해온 No. 1 커리어코치 정철상 교수가 제시하는 9가지 진로 해결안이 담긴 책이다. 진로 선택의 갈림길에 선 청춘들의 필독서인 이 책은 학업, 취업, 직업 세 마리 토끼를 동시에 잡을 수 있다.

eBook 구매 가능

4차 산업혁명시대 누가 돈을 버는가
김정수 지음 | 16,000원

누구에게나 변화는 두렵고 미래는 불확실하다. 이 책은 과거를 현재와 미래로 연결한 기발한 발상으로 4차 산업혁명시대의 해법을 제시한다. 또한 돈의 흐름과 미래를 성공적으로 맞이하기 위한 대비책을 알려준다.

4차 산업혁명시대 문화경제의 힘
최연구 지음 | 14,000원

〈세종도서〉 '교양부문' 선정도서!

eBook 구매 가능

경영의 신 마쓰시타 고노스케 사업은 사람이 전부다
마쓰시타 고노스케 지음
이수형 옮김 | 13,000원

파나소닉 창업주가 알려주는 인재 활용의 모든 것!

eBook 구매 가능

알고 보면 재미있는 경제지식
조성종 지음 | 13,500원

기초 경제상식부터 재테크를 위한 지식까지 한눈에!

eBook 구매 가능

데일카네기의 인간관계론
데일 카네기 지음
이미숙 옮김 | 12,000원

전 세계에서 읽히는 인간관계에 관한 최고의 책!

eBook 구매 가능

초보자도 성공하는 펀드 재테크 100% 활용법
김동범 지음 | 14,000원

알기 쉬운 암호화폐 용어 첫걸음
한국블록체인기술금융(주) · 염후권 · 최희송 · 김회승 엮음 | 15,000원

좋은 서비스가 나를 바꾼다   eBook 구매 가능
김근종 · 박형순 지음 | 12,000원

중앙경제평론사 Joongang Economy Publishing Co.
중앙생활사 | 중앙에듀북스 Joongang Life Publishing Co./Joongang Edubooks Publishing Co.

중앙경제평론사는 오늘보다 나은 내일을 창조한다는 신념 아래 설립된 경제 · 경영서 전문 출판사로서
성공을 꿈꾸는 직장인, 경영인에게 전문지식과 자기계발의 지혜를 주는 책을 발간하고 있습니다.

최고의 성과를 올리는 협력의 리더십

초판 1쇄 인쇄 | 2019년 2월 15일
초판 1쇄 발행 | 2019년 2월 20일

지은이 | 김근종(KeunJong Kim)
펴낸이 | 최점옥(JeomOg Choi)
펴낸곳 | 중앙경제평론사(Joongang Economy Publishing Co.)

대　　표 | 김용주
책임편집 | 한　홍
본문디자인 | 변영은

출력 | 한영문화사　종이 | 한솔PNS　인쇄 · 제본 | 한영문화사

잘못된 책은 구입한 서점에서 교환해드립니다.
가격은 표지 뒷면에 있습니다.

ISBN 978-89-6054-216-7(03320)

등록 | 1991년 4월 10일 제2-1153호
주소 | ⑦ 04590 서울시 중구 다산로20길 5(신당4동 340-128) 중앙빌딩
전화 | (02)2253-4463(代)　팩스 | (02)2253-7988
홈페이지 | www.japub.co.kr　블로그 | http://blog.naver.com/japub
페이스북 | https://www.facebook.com/japub.co.kr　이메일 | japub@naver.com
♣ 중앙경제평론사는 중앙생활사 · 중앙에듀북스와 자매회사입니다.

도서
주문
www.**japub**.co.kr
전화주문: 02) 2253 - 4463

※ 이 도서의 국립중앙도서관 출판시도서목록(CIP)은 서지정보유통지원시스템 홈페이지(http://seoji.nl.go.kr)와
국가자료공동목록시스템(http://www.nl.go.kr/kolisnet)에서 이용하실 수 있습니다.(CIP제어번호:CIP2019002445)

중앙경제평론사에서는 여러분의 소중한 원고를 기다리고 있습니다. 원고 투고는 이메일을 이용해주세요.
최선을 다해 독자들에게 사랑받는 양서로 만들어 드리겠습니다. **이메일** | japub@naver.com